Martin Franzen

Stärkung der Tarifautonomie durch Anreize zum Verbandsbeitritt

BUND
VERLAG

HSI-Schriftenreihe
Band 27

Martin Franzen

Stärkung der Tarifautonomie durch Anreize zum Verbandsbeitritt

BUND
VERLAG

Bibliografische Information der Deutschen Nationalbibliothek
Die Deutsche Nationalbibliothek verzeichnet diese Publikation in der
Deutschen Nationalbibliografie; detaillierte bibliografische Daten sind im Internet
über http://dnb.d-nb.de abrufbar.

© 2018 by Bund-Verlag GmbH, Frankfurt am Main
Herstellung: Kerstin Wilke
Umschlaggestaltung: Neil McBeath, Stuttgart
Satz: Reemers Publishing Services GmbH, Krefeld
Druck: CPI books GmbH, Leck
Printed in Germany 2018
ISBN 978-3-7663-6855-3

www.bund-verlag.de

Vorwort

Das Tarifvertragssystem prägt die Arbeitsbeziehungen in Deutschland. Damit es funktionsfähig bleibt, bedarf es einer starken Tarifbindung. Deren Stärkung ist ein Kernanliegen der Gewerkschaften, gerade auch in Zeiten eines zurückgehenden Organisationsgrades. Der Organisationsgrad von Gewerkschaften hat auch Wechselwirkungen auf den Organisationsgrad von Arbeitgeberverbänden. Auch deren Existenz und Bedeutung ist auf lange Sicht ohne starke Gewerkschaften in Frage gestellt. Erfreulicherweise hat die amtierende Bundesregierung das Anliegen einer Stärkung der Tarifbindung im aktuellen Koalitionsvertrag aufgegriffen.

In der Vergangenheit wurde dieses Thema fast ausschließlich aus arbeitsrechtlicher Perspektive und unter Berücksichtigung arbeitsrechtlicher Instrumente diskutiert, so auch auf dem Deutschen Juristentag 2014 in Hannover. Mit diesem Gutachten möchten wir den Blick auf das Steuerrecht ausdehnen und prüfen, inwieweit es Bedingungen setzen kann, unter denen der Beitritt zu einer Gewerkschaft attraktiver und damit letztlich die Tarifautonomie gestärkt wird.

Prof. Dr. Franzen von der LMU München hat dazu im vorliegenden Gutachten sehr innovative und konkrete Vorschläge entwickelt. Nun bedarf es nur noch eines Gesetzgebers, der willens ist, diese Vorschläge auch umzusetzen.

In diesem Sinne wünschen wir eine anregende Lektüre.

Dr. Thomas Klebe   Dr. Johannes Heuschmid

Inhaltsverzeichnis

A. Der bisherige Diskussionsstand zur Thematik „Stärkung der Tarifautonomie"

I. Die Diskussion im Umfeld des Deutschen Juristentags 2014

Die Diskussion über die „Stärkung der Tarifautonomie" währt schon einige Jahre. So hatte sich der Deutsche Juristentag im Jahr 2014 in Hannover unter dem Titel „Stärkung der Tarifautonomie – Welche Änderungen des Tarifvertragsrechts empfehlen sich?" dieser Thematik angenommen.[1] Der Befund ist Folgender: Die Tarifbindung der Arbeitsverhältnisse geht seit den 1990er Jahren kontinuierlich zurück.[2] Vor diesem Hintergrund entwickeln zahlreiche Diskussionsbeiträge Vorschläge, aufgrund derer die Tarifbindung durch gesetzliche Maßnahmen gestärkt wird – insbesondere durch Erleichterung der Allgemeinverbindlicherklärung von Tarifverträgen und weiteren Detailvorschlägen in Richtung einer Verlängerung der Tarifbindung vor allem der Arbeitgeberseite.[3]

---

[1] Siehe hierzu vor allem *Bepler*, Gutachten B zum Deutschen Juristentag 2014; *Deinert*, Verhandlungen des 70. Deutschen Juristentags 2014, Band II/1, 2015, K 11 ff.; *Giesen*, Verhandlungen des 70. Deutschen Juristentags 2014, Band II/1, 2015, K 61 ff.

[2] Zahlenangaben in der Begründung des Regierungsentwurfs eines Gesetzes zur Stärkung der Tarifautonomie, BT-Drucksache 18/1558, S. 26, unter A. II.; siehe auch noch unten A. III. 1. unter dem Gesichtspunkt des Rückgangs des Organisationsgrads von Gewerkschaften.

[3] Vgl. beispielsweise die Position des DGB zur Stärkung der Tarifbindung vom 28. 2. 2017, abrufbar unter: www.dgb.de/themen; s. a. die Vorschläge von *Bepler*, Gutachten B zum Deutschen Juristentag 2014, B 119 f.; rechtsvergleichend *Fornasier*, SR 2017, 239 ff.

II. Die Konzeption des Gesetzgebers, insbesondere im Tarifautonomiestärkungsgesetz aus dem Jahr 2014: Stärkung des Tarifvertrags

In diese Richtung ist auch der Gesetzgeber gegangen, insbesondere durch das Tarifautonomiestärkungsgesetz aus dem Jahr 2014.[4] Dieses Gesetz hat den allgemeinen Mindestlohn eingeführt. Darüber hinaus hat es durch Änderung des TVG die Anforderungen an eine Allgemeinverbindlicherklärung von Tarifverträgen abgesenkt, um diese zu erleichtern. Außerdem wurde durch eine Änderung des AEntG die Möglichkeit geschaffen, dass alle Branchen tarifliche Mindestarbeitsbedingungen aufstellen, die dann durch Rechtsverordnung auf in- und ausländische Arbeitgeber erstreckt werden können. Der Gesetzgeber hat diese Maßnahmen folgendermaßen begründet:

„Die Ordnung des Arbeitslebens durch Tarifverträge ist in den letzten Jahren deutlich zurückgegangen. Die Arbeitswelt hat sich in einer modernen Industrie- und Dienstleistungsgesellschaft zunehmend fragmentiert. Dies hat den Tarifvertragsparteien die ihnen durch Artikel 9 Absatz 3 des Grundgesetzes überantwortete Ordnung des Arbeitslebens strukturell erschwert. Zwischen 1998 und 2012 ist in Deutschland die Tarifbindung bezogen auf alle Arbeitnehmerinnen und Arbeitnehmer von 74 % auf 58 % gesunken."[5]

Nach Auffassung des Gesetzgebers ist es „Aufgabe der Tarifvertragsparteien, die strukturelle Unterlegenheit der einzelnen Arbeitnehmerinnen und Arbeitnehmer beim Abschluss von Arbeitsverträgen auf kollektiver Ebene auszugleichen und damit ein annähernd gleichgewichtiges Aushandeln der Löhne und Arbeitsbedingungen zu ermöglichen."[6] Den Tarifvertragsparteien sei es durch Art. 9 Abs. 3 GG aufgegeben, die Arbeits- und Wirtschaftsbedingungen in eigener Verantwortung und im Wesentlichen ohne staatliche Einflussnahme zu gestalten. „Die Tarifautonomie verfolgt damit den im öffentlichen Interesse liegenden Zweck, durch eine sinnvolle autonome Ordnung des Arbeitslebens

---

[4] Gesetz zur Stärkung der Tarifautonomie (Tarifautonomiestärkungsgesetz) vom 11. 8. 2014, BGBl. I S. 1348.

[5] Begründung des Regierungsentwurfs eines Gesetzes zur Stärkung der Tarifautonomie, BT-Drucksache 18/1558, S. 26, unter A. II.

[6] Begründung des Regierungsentwurfs eines Gesetzes zur Stärkung der Tarifautonomie, BT-Drucksache 18/1558, S. 26, unter A. II.

den Arbeitnehmerinnen und Arbeitnehmer eine angemessene Teilhabe am Erwirtschafteten zu sichern."[7]

Man kann diese Sichtweise auf die Tarifautonomie so auf den Punkt bringen: Die Tarifautonomie hat die Ordnungsaufgabe, die Arbeitsbedingungen der Arbeitnehmer mit dem Instrument des Tarifvertrags angemessen zu regeln. Vor diesem Hintergrund will der Gesetzgeber die tatsächliche Anwendung tarifvertraglicher Regelungen stärken, wo es sie noch gibt. Dort, wo es nur noch wenige Tarifverträge oder nach Einschätzung des Gesetzgebers keine genügenden tariflichen Regelungen gibt, muss staatliches Recht die Lücke schließen. Es geht dem Gesetzgeber also um die Stärkung des Tarifvertrags, weil dieser das typische Instrument darstellt, mit dem angemessene Arbeitsbedingungen etabliert werden können. Der Gesetzgeber setzt die Tarifautonomie also gleich mit ihren Produkten, den Tarifverträgen. Die Logik lautet: Stärkt man den Tarifvertrag durch verschiedene gesetzliche Maßnahmen, stärkt man gleichzeitig die Tarifautonomie.

III. Stärkung der Tarifautonomie anstelle der Stärkung des Tarifvertrags

1. Mitgliederbasis als wesentliche Funktionsbedingung der Tarifautonomie

Mit diesem Ansatz lässt man aber eine ganz wesentliche Funktionsbedingung der Tarifautonomie außer Acht:[8] Die Tarifautonomie ist eine staatsferne Veranstaltung und lebt von der Selbsthilfe der Betroffenen. Vor diesem Hintergrund stärkt in erster Linie eine breite Mitgliederbasis sowohl in den Gewerkschaften als auch in den Arbeitgeberverbänden die Tarifautonomie. Dies entspricht dem heute überwiegend vertretenen Verständnis der Tarifautonomie als kollektiv

---

[7] Begründung des Regierungsentwurfs eines Gesetzes zur Stärkung der Tarifautonomie, BT-Drucksache 18/1558, S. 26, unter A. II.

[8] Ebenso bereits *Lobinger*, JZ 2014, 810; *Seiwerth*, RdA 2014, 358, 359 f.; *Waltermann*, RdA 2014, 86, 90 ff.; *ders.*, Differenzierungsklauseln im Tarifvertrag in der auf Mitgliedschaft aufbauenden Tarifautonomie, 2016, S. 21 ff.; historisch *Picker*, Die Tarifautonomie in der deutschen Arbeitsverfassung, 2000, S. 21 ff.

ausgeübter Privatautonomie.[9] Die Rechtswirkungen des Tarifvertrags sind in erster Linie mitgliedschaftlich durch den Beitritt der Arbeitsvertragsparteien in die jeweiligen Verbände legitimiert.[10]

Im Konzept des Gesetzgebers – wie es insbesondere im Tarifautonomiestärkungsgesetz zum Ausdruck gekommen ist – spielt demgegenüber die auf Mitgliedschaft beruhende Legitimation von Arbeitgeber- und Arbeitnehmerverbänden keine erkennbare Rolle. Tarifverträge könnten nach der gesetzgeberischen Vorstellung beispielsweise auch dadurch zustande kommen, dass öffentlich-rechtlich organisierte Arbeits- und Wirtschaftskammern die entsprechenden Regelungen gemeinsam aufstellen. Dies kann man „Verstaatlichung der Tarifautonomie" nennen.[11]

2. Ursachen für den Rückgang des Organisationsgrads bei Gewerkschaften

Will man die Mitgliederbasis stärken, sollte man sich zunächst Rechenschaft ablegen über die Gründe für den Rückgang des Organisationsgrads, insbesondere in den Gewerkschaften.[12] Generell ist zu beobachten, dass in den letzten 20 bis 30 Jahren die Bindekräfte gesellschaftlicher Großorganisationen wie Kirchen, Parteien und Gewerkschaften geschwunden sind. Dies ist wohl generell auf den zunehmenden Trend zur Individualisierung der gesamten Lebensverhältnisse zurückzuführen und daher politisch mit gesetzlichen Aktivitäten wohl nur sehr eingeschränkt steuerbar.

In Bezug auf Gewerkschaften ergibt eine im Jahr 2017 von *Dieke* und *Lesch* vorgelegte Untersuchung folgendes Bild:[13] Im Jahr 2002 gehörten in Deutschland 18,9 % aller Arbeitnehmer einer Gewerkschaft an; im Jahr 2008 waren dies nur noch 15,7 % und im Jahr 2014 15,6 %.[14] Damit liegt Deutschland im europäi-

---

9   Siehe dazu nur *Linsenmaier*, in Erfurter Kommentar zum Arbeitsrecht, 18. Aufl. 2018, Art. 9 GG Rn. 55 ff.; programmatisch *Bayreuther*, Tarifautonomie als kollektiv ausgeübte Privatautonomie, 2005, passim; kritisch: *Däubler*, KJ 2014, 372 ff.

10   Siehe zu den insoweit vertretenen Positionen im Überblick nur *Franzen*, in Erfurter Kommentar zum Arbeitsrecht, 18. Aufl. 2018, § 1 TVG Rn. 6; ausführlich *Thüsing*, in *Wiedemann* (Hrsg.), TVG, 7. Aufl. 2007, § 1 Rn. 42 ff.

11   So plastisch *Lobinger*, JZ 2014, 810.

12   Zu den Gründen für den Fokus auf die Gewerkschaften siehe unten B. I. 4.

13   *Dieke/Lesch*, Gewerkschaftliche Mitgliederstrukturen im europäischen Vergleich, IW-Trends 3/2017, S. 25.

14   Siehe *Dieke/Lesch*, Gewerkschaftliche Mitgliederstrukturen im europäischen Vergleich, IW-Trends 3/2017, S. 25, 27.

schen Vergleich im Mittelfeld und bezüglich des Rückgangs im Trend.[15] Die Untersuchung zeigt, dass der gewerkschaftliche Organisationsgrad von Teilzeitbeschäftigten, von Frauen und von jüngeren Arbeitnehmern deutlich geringer ist als der durchschnittliche Organisationsgrad. So waren im Jahr 2014 in Deutschland 12,1 % der beschäftigten Frauen, aber 19,1 % der beschäftigten Männer Mitglied in einer Gewerkschaft.[16] Bei dem Erwerbsstatus Teilzeit-/Vollzeitbeschäftigte fällt der Unterschied mit 9,8 % (Teilzeitbeschäftigte Gewerkschaftsmitglieder unter den Arbeitnehmern) gegenüber 17,6 % (Vollzeitbeschäftigte Gewerkschaftsmitglieder) noch deutlicher aus.[17] Aussagekräftig ist ferner die Altersstaffelung: In der Gruppe der 16–30-Jährigen beträgt der Anteil der Gewerkschaftsmitglieder an allen Arbeitnehmern 9,8 %, in der Gruppe der 31–40-Jährigen 13,5 %, in der Gruppe der 41–50-Jährigen 18,8 %, während er in der Gruppe der 51–65-Jährigen mit 18,4 % etwas geringer ist.[18]

Aufschlussreich erscheint ferner der gewerkschaftliche Organisationsgrad aufgeschlüsselt nach Sektor und Betriebsgröße: Im produzierenden Gewerbe betrug der Anteil der Gewerkschaftsmitglieder an allen Arbeitnehmern im Jahr 2014 19,7 % gegenüber 13,9 % im Dienstleistungsbereich.[19] In der Betriebsgrößenklasse 10–24 Beschäftigte gehörten im Jahr 2014 9,9 % der Arbeitnehmer einer Gewerkschaft an, zwischen 25 und 99 Beschäftigte sind es 15,8 %, in Betrieben mit zwischen 100 und 499 Arbeitnehmer 21,2 % und in größeren Betrieben 26,5 %.[20]

Was kann man aus diesen Zahlen ablesen? Die Gewerkschaften sind stärker vertreten in größeren Betrieben, im produzierenden Gewerbe, bei älteren männlichen Arbeitnehmern in Vollzeitbeschäftigung. Diese Bereiche dürften aber aufgrund der wirtschaftlichen und auch demografischen Entwicklung eher zurückgehen; Dienstleistungen und damit einhergehend kleinere Betriebe, Teilzeitbeschäftigung und Frauenerwerbstätigkeit dürften in den nächsten Jahren zunehmen. Diese Entwicklungen stellen die Gewerkschaften im Hinblick auf

---

[15] Vgl. dazu auch *Bandau*, WSI-Mitteilungen 2018, 96, 97.
[16] Siehe *Dieke/Lesch*, Gewerkschaftliche Mitgliederstrukturen im europäischen Vergleich, IW-Trends 3/2017, S. 25, 30.
[17] Siehe *Dieke/Lesch*, Gewerkschaftliche Mitgliederstrukturen im europäischen Vergleich, IW-Trends 3/2017, S. 25, 31.
[18] Siehe *Dieke/Lesch*, Gewerkschaftliche Mitgliederstrukturen im europäischen Vergleich, IW-Trends 3/2017, S. 25, 30.
[19] Siehe *Dieke/Lesch*, Gewerkschaftliche Mitgliederstrukturen im europäischen Vergleich, IW-Trends 3/2017, S. 25, 33.
[20] Siehe *Dieke/Lesch*, Gewerkschaftliche Mitgliederstrukturen im europäischen Vergleich, IW-Trends 3/2017, S. 25, 33.

ihre Mitgliederstruktur vor große Herausforderungen, die sie zunächst selbst organisatorisch bewältigen müssen. Die Rechtsordnung kann diese Entwicklung zwar nicht aufhalten. Sie kann aber günstige Bedingungen schaffen, unter denen die Mitgliedschaft in einer Gewerkschaft für die Arbeitnehmer attraktiv erscheint – und dies vor dem Hintergrund, dass die Gestaltungsaufgabe der Tarifautonomie ohne eine ausreichende Mitgliederbasis der Koalitionen, insbesondere der Gewerkschaften,[21] nicht geleistet werden kann.

3. Fazit

Ein gegenüber den gesetzlichen Regulierungen der Jahre 2014/15 aufgrund des Tarifautonomiestärkungsgesetzes[22] anderer Weg, die Tarifautonomie zu stärken, liegt demzufolge darin, den Blick auf eben diese Funktionsbedingung der Tarifautonomie zu richten, die Stärkung der Mitgliederbasis.[23] Der vorstehende kurze Überblick über die Ursachen des Mitgliederrückgangs bei den Gewerkschaften hat einmal strukturelle Probleme offengelegt, welche zunächst die Organisationen selbst angehen sollten. Für die hier anzustellende rechtliche Bewertung muss man fragen, inwieweit die Rechtsordnung selbst Anreize setzt, Arbeitnehmer- bzw. Arbeitgeberkoalitionen beizutreten. Dabei ist zunächst das Produkt der Tarifautonomie, der Tarifvertrag, in den Mittelpunkt zu stellen und zu fragen, inwieweit von diesem aufgrund der rechtlichen und faktischen Situation in Deutschland Anreize zum Verbandsbeitritt ausgehen können.

---

[21] Siehe dazu unten B. I. 4.
[22] Siehe oben A. II.
[23] Siehe zu solchen Überlegungen die Diskussion im Vorfeld des Deutschen Juristentags 2014, etwa *Waltermann*, RdA 2014, 86, 90 ff.; *ders.*, NZA 2014, 874; *Seiwerth*, RdA 2014, 358 ff.

B. Bestandsaufnahme: Der Tarifvertrag als Anreizinstrument für den Verbandsbeitritt

I. Auf Arbeitgeberseite

1. Vorteile des Tarifvertrags

Arbeitgeber werden einem Arbeitgeberverband beitreten, wenn sie sich Vorteile von der Mitgliedschaft und der Tarifgeltung in ihrem Betrieb versprechen. Ein wichtiges Element hierbei ist die Standardisierungsfunktion. Tarifverträge legen einheitliche Arbeitsbedingungen für eine Vielzahl von Arbeitnehmern unterschiedlicher Ausbildung und Tätigkeit fest. Ein Unternehmen, welches einen solchen Tarifvertrag verwendet, spart nicht unerhebliche Transaktionskosten; es müsste anderenfalls diese Dinge selbst regeln – entweder durch individuelle Vereinbarung mit jedem einzelnen Arbeitnehmer oder mit dem Betriebsrat.

Unmöglich ist auch dies nicht, aber die Alternative ist aus Sicht der Unternehmen nicht generell interessengerechter als eine tarifliche Regelung. Außerdem bestehen gewisse rechtliche Risiken, die hier nur angedeutet werden können: Wählt man als Arbeitgeber das Gestaltungsmittel Arbeitsvertrag, ist die AGB-Kontrolle von Standardarbeitsverträgen nach §§ 305 ff. BGB eröffnet.[24] Beim Gestaltungsmittel Betriebsvereinbarung muss sich der Arbeitgeber mit dem Betriebsrat einigen; außerdem unterliegen Betriebsvereinbarungen ebenfalls einer Art gerichtlicher Angemessenheitskontrolle.[25] Im Fall eines Flächentarifvertrags spart sich das Unternehmen noch zusätzliche innerbetriebliche Verteilungsdebatten.

2. Nachteile des Tarifvertrags

Die Nachteile des Tarifvertrags aus Arbeitgebersicht liegen ebenfalls auf der Hand; sie wurden in der Diskussion um die Krise des Flächentarifvertrags um

---

[24]   Siehe dazu nur *Stoffels*, AGB-Recht, 3. Aufl. 2015, Rn. 171 ff.
[25]   Siehe dazu nur *Kreutz*, in Gemeinschaftskommentar zum BetrVG, 11. Aufl. 2018, § 77 Rn. 342 ff. mit weiteren Nachweisen zur Rechtsprechung.

die Jahrtausendwende stark betont: geringe Flexibilität, stärkere Fremdbestimmung der einzelnen Unternehmen und daraus resultierend den betrieblichen Verhältnissen womöglich nicht mehr angemessene Personalkosten.[26]

Auf diese Kritik haben die Tarifvertragsparteien reagiert, insbesondere indem Flächentarifverträge in den letzten Jahren zunehmend so genannte Öffnungsklauseln enthalten. Hierdurch dürfen einzelne Unternehmen von den Vorgaben des Flächentarifvertrags unter bestimmten Voraussetzungen abweichen. Diesen Weg setzt beispielsweise der Tarifabschluss in der Metall- und Elektroindustrie aus dem Jahr 2016 fort, der insbesondere von der Arbeitgeberseite als „Einstieg in innovative Tarifpolitik" gefeiert wurde.[27] Danach wurde eine differenzierende Wettbewerbskomponente vereinbart: Unternehmen, die aus wirtschaftlichen Gründen die vereinbarte Tariflohnerhöhung nicht bezahlen können, können sie verschieben, wenn die örtliche Gewerkschaft und der örtliche Arbeitgeberverband zustimmen.[28] Mit solchen differenzierenden Tarifklauseln kann sich die jährliche Tariflohnerhöhung an der Ertragskraft wirtschaftlich stärkerer Unternehmen orientieren und Ausnahmen für wirtschaftlich schwächere Unternehmen zulassen. In gewisser Weise wird hierdurch der Sinn des Tarifvertrags umgedreht: Tarifverträge enthalten nicht mehr nur Mindestarbeitsbedingungen mit gesetzlich – Günstigkeitsprinzip (§ 4 Abs. 3 2. Variante TVG) – zulässiger Abweichungsmöglichkeit nach oben, sondern Regulierungen auf höherem Regelungsniveau mit der Zulässigkeit der Abweichung nach unten. Rechtlich ist all dies nach § 4 Abs. 3 1. Variante TVG nicht zu beanstanden (Gestattung durch die Tarifvertragsparteien).[29]

---

[26]　Vgl. etwa *Henssler*, ZfA 1994, 487 ff.; *Konzen*, NZA 1995, 913 ff.; *Picker*, Die Tarifautonomie in der deutschen Arbeitsverfassung, 2000, S. 16 ff.; *Reuter*, ZfA 1995, 1 ff.; *Zachert*, RdA 1996, 140 ff.; zu Reformvorschlägen aus wirtschaftswissenschaftlicher Perspektive *Deregulierungskommission*, Unabhängige Expertenkommission zum Abbau marktwidriger Regulierungen, Marktöffnung und Wettbewerb, 2. Bericht, 1991, Vorschläge Nr. 86 ff., Rn. 59 ff.; *Monopolkommission*, Zehntes Hauptgutachten 1992/93, Mehr Wettbewerb auf allen Märkten, 1994, Kapitel VII, Arbeitsmarkt und Wettbewerb, Rn. 873 ff.

[27]　Siehe *Kirchhoff*, Frankfurter Allgemeine Zeitung vom 19. 5. 2016, S. 19, Standpunkt.

[28]　Siehe *Kirchhoff*, Frankfurter Allgemeine Zeitung vom 19. 5. 2016, S. 19, Standpunkt.

[29]　Kritisch dazu aber *Rieble*, ZfA 2005, 245, 264 f.

3. Systemstabilisierung auf Arbeitgeberseite: Die OT-Mitgliedschaft

Eine weitere Reaktion auf die Tendenzen zur Tarifflucht in den 1990er Jahren stellt die Etablierung einer OT-Mitgliedschaft in Arbeitgeberverbänden dar. Zahlreiche Arbeitgeberverbände haben in unterschiedlicher Ausgestaltung solche Mitgliedschaften in ihren Satzungen eingeführt.[30] OT-Mitglieder sind Verbandsmitglieder, die alle Rechte und Pflichten wie ein normales Mitglied haben, mit Ausnahme des Umstands, dass sie nicht an einen mit dem Verband geschlossenen Tarifvertrag gebunden sind und infolgedessen in tarifpolitischen Fragen nicht mitbestimmen. Gegen die Möglichkeit einer OT-Mitgliedschaft wird eingewandt, dass hierdurch die gesetzliche Vorgabe des § 3 Abs. 1 TVG zur Disposition des Arbeitgeberverbands gestellt würde.[31] Demgegenüber hat die Rechtsprechung des BAG solche Gestaltungen aus Gründen der verfassungsrechtlich geschützten Satzungsautonomie der Verbände (Art. 9 Abs. 1 GG) grundsätzlich akzeptiert.[32] Allerdings hat das BAG Anforderungen an die Satzungsgestaltung der entsprechenden Verbände formuliert und sich dabei von dem Gedanken des „Gleichlaufs von Verantwortung und Betroffenheit" leiten lassen;[33] die OT-Mitglieder dürfen somit nicht an der tarifpolitischen Willensbildung des Verbands teilhaben, was durch entsprechende Satzungsgestaltung sicherzustellen ist.[34]

Wenig beachtet in der öffentlichen Diskussion über die OT-Mitgliedschaft wurde ein wichtiger Punkt: Das BAG hat gleiche Beitragssätze für T- und OT-Mitglieder gebilligt.[35] Damit tragen die OT-Mitglieder nicht unerheblich zur Stabilisierung des Tarifvertragssystems auf Arbeitgeberseite bei. Die Arbeitgeberverbände erhalten finanzielle Mittel, ohne darauf angewiesen zu sein, dass dies allein auf die Produkte der Tarifvertragsparteien, die Tarifverträge, zu-

---

[30] Zu den unterschiedlichen Erscheinungsformen (Aufteilungs- und Stufenmodell) siehe nur *Peter,* in *Däubler* (Hrsg.), TVG, 4. Aufl. 2016, § 2 Rn. 137 f.

[31] Siehe etwa *Deinert,* AuR 2006, 217 ff.; *Hensche,* NZA 2009, 815 ff.; *Peter,* in *Däubler* (Hrsg.), TVG, 4. Aufl. 2016, § 2 Rn. 140 ff.

[32] BAG 23. 3. 2005 – 4 AZR 186/04, AP TVG § 4 Nachwirkung Nr. 42; BAG 18. 7. 2006 – 1 ABR 36/05, AP TVG § 2 Tarifzuständigkeit Nr. 19; BAG 4. 6. 2008 – 4 AZR 419/07, NZA 2008, 1366.

[33] BAG 19. 6. 2012 – 1 AZR 775/10, NZA 2012, 1372.

[34] BAG 22. 4. 2009 – 4 AZR 111/08, NZA 2010, 105; verfassungsrechtlich gebilligt von BVerfG 1. 12. 2010 –1 BvR 2593/09, NZA 2011, 60; BAG 15. 12. 2010 – 4 AZR 256/09, NZA-RR 2012, 260; BAG 21. 1. 2015 – 4 AZR 797/13, NZA 2015, 1521.

[35] BAG 22. 4. 2009 – 4 AZR 111/08, NZA 2010, 105 Rn. 39; BAG 20. 5. 2009 – 4 AZR 179/08, NZA 2010, 102 Rn. 26.

rückgeht. Die Arbeitgeberverbände können sich mit entsprechendem Personal und Fachwissen ausstatten, um kompetent und professionell tarifliche Regelungen in zahlreichen Gebieten aufsetzen und ihre Mitglieder entsprechend beraten zu können. Die Gefahr darf man allerdings nicht übersehen: Nehmen die OT-Mitglieder im Verband überhand, erodiert die Verantwortung des gesamten Verbandes für den Tarifvertrag als Errungenschaft der Tarifautonomie.[36] Allerdings wird diese Gefahr jedenfalls derzeit noch minimiert durch den Umstand, dass die OT-Mitglieder in aller Regel den Tarifvertrag arbeitsvertraglich aufgrund von Bezugnahmeklauseln anwenden,[37] wozu sie selbstverständlich nicht verpflichtet wären.

4. Fazit

Aus Sicht der Arbeitgeberseite gibt es wie dargelegt Gründe dafür, den Arbeitgeberverbänden beizutreten: Standardisierung der zu regelnden Arbeitsbedingungen und damit einhergehend das Einsparen von Transaktionskosten und die Vermeidung innerbetrieblicher Verteilungskonflikte.

Allerdings war das stärkste Argument historisch stets das Folgende:[38] Die Arbeitgeberseite benötigt einen starken Verband, um (starken) Gewerkschaften etwas entgegenzusetzen. Arbeitgeberverbände bilden sich nicht, wenn sich die Arbeitnehmer nicht mehr organisieren.[39] Das zeigt der Niedriglohnbereich und das zeigen gerade neue Branchen wie die Informations- und Kommunikationstechnologie, in denen Arbeitnehmerinteressenvertretung durch Gewerkschaften nicht sehr verbreitet ist.[40] Ohne einigermaßen starke Gewerkschaften wird es auf längere Sicht auch keine Arbeitgeberverbände geben.

---

[36] Ähnlich die Einschätzung von *Jöris*, ZfA 2016, S. 71, 77.

[37] Ebenfalls beobachtet von *Bepler*, Gutachten zum 70. Deutschen Juristentag, 2014, B 79.

[38] Siehe dazu nur *Mallmann*, in Gesamtmetall (Hrsg.), 125 Jahre Gesamtmetall: Perspektiven aus Tradition – 1890 bis 1990, S. 17 f.: Gründung des Gesamtverbands deutscher Metallindustrieller als Reaktion auf die beabsichtigte Gründung des Deutschen Metallarbeiterverbands im Zusammenhang mit dem Auslaufen des Sozialistengesetzes im Jahr 1890; vgl. auch *Höpfner*, Die Tarifgeltung im Arbeitsverhältnis, 2015, S. 80 f.

[39] Ebenso die Einschätzung von *Waltermann*, Differenzierungsklauseln im Tarifvertrag in der auf Mitgliedschaft aufbauenden Tarifautonomie, 2016, S. 18: „Geschichtlich war die Bildung der Arbeitgeberverbände die Reaktion auf den Zusammenschluss der Arbeiter."

[40] Siehe dazu auch oben A. III. 2.

II. Auf Arbeitnehmerseite

1. Tarifvertrag als gewerkschaftliche Errungenschaft

Welche Gründe gibt es auf Seiten der Arbeitnehmer dafür, einer Gewerkschaft beizutreten? Die Gewerkschaften können für den Beitritt in ihre Organisation zunächst mit ihren Produkten werben, den Tarifverträgen. Bei Lichte betrachtet ist der Tarifvertrag freilich kein geeignetes Werbemittel: Wer als Arbeitnehmer bei einem tarifgebundenen Arbeitgeber beschäftigt ist, bekommt den Tarif ohnehin vertragsrechtlich aufgrund einer Bezugnahmeklausel. Die tarifgebundenen Arbeitgeber haben ein erhebliches Interesse daran, ihre Arbeitnehmer einheitlich so zu behandeln, als wären alle tarifgebunden, und nicht nur die Mitglieder der tarifschließenden Gewerkschaft, wie dies das System des deutschen Tarifvertragsrechts an sich nach §§ 3 Abs. 1, 4 Abs. 1 TVG vorsieht.[41] Nur die einheitliche Behandlung aller Belegschaftsangehörigen nach dem Tarifvertrag, an den der Arbeitgeber gebunden ist, sichert die wesentliche Standardisierungsfunktion des Tarifvertrags.[42] Die Arbeitnehmer tarifgebundener Unternehmen brauchen also der Gewerkschaft nicht beizutreten, um an den Segnungen des Tarifvertrags teilzuhaben. Und für die Arbeitnehmer tariffreier Unternehmen ist die Partizipation am Tarifvertrag in erster Linie Resultat einer Entscheidung des Arbeitgebers, den Tarifvertrag arbeitsvertraglich anzuwenden. Die Mitgliedschaft in einer Gewerkschaft kann allenfalls mittelbar eine Rolle spielen, um dem Arbeitgeber zu dokumentieren, dass die Gewerkschaft hinreichend stark ist, um einen (Haus-)Tarifvertrag notfalls mit Streiks durchzusetzen. Das dürfte allerdings nur in größeren Unternehmen eine Rolle spielen, welche aber überwiegend ohnehin tarifgebunden sind. Dieser Umstand ist also weitgehend zu vernachlässigen.

Es ergibt sich demnach ein kurioses Bild: Der Tarifvertrag als die gewerkschaftliche Errungenschaft schlechthin eignet sich aufgrund der rechtlichen und faktischen Gegebenheiten überhaupt nicht als Argument für den Beitritt in eine Gewerkschaft. Die Arbeitnehmer erhalten die tariflichen Errungenschaften ohnehin, wenn sie bei einem tarifgebundenen Arbeitgeber arbeiten; und bei einem nicht tarifgebunden Arbeitgeber hat der Umstand der Gewerkschaftsmitgliedschaft überhaupt keine Auswirkung auf die Entscheidung des Arbeitge-

---

[41] Plastisch *Gamillscheg*, Kollektives Arbeitsrecht, Bd. 1, 1997, S. 730: „§ 3 Abs. 1 TVG ist durch die Rechtswirklichkeit überrollt worden."; vgl. auch *Wiedemann*, RdA 2007, 65, 66.

[42] Siehe oben B. I. 1.

bers, den Tarifvertrag anzuwenden. Auch im Übrigen setzt die Rechtsordnung keinerlei Anreize, einer Gewerkschaft beizutreten. Die soziale Sicherung – in anderen Ländern durchaus partiell den Gewerkschaften anvertraut[43] – wird in Deutschland ganz überwiegend staatlich organisiert.

Insgesamt kann man diese Situation so zusammenfassen: Der Arbeitgeber entscheidet allein über die Tarifbindung; der Entschluss der Arbeitnehmer, sich gewerkschaftlich zu organisieren, beeinflusst diese Entscheidung aber nur mittelbar. Fehlt es nämlich umgekehrt an jeglicher gewerkschaftlicher Organisation, wird sich ein Arbeitgeber regelmäßig gegen eine Tarifbindung entscheiden. Die gewerkschaftliche Organisation ist also Grundvoraussetzung dafür, dass das auf Mitgliedschaft aufbauende deutsche System der Tarifautonomie funktionieren kann.

2. Differenzierungsklauseln

Einen Ausweg könnten tarifvertragliche Differenzierungsklauseln bieten. Hierdurch können bestimmte Leistungen des Arbeitgebers nur Mitglieder der tarifschließenden Gewerkschaft unter den Arbeitnehmern beanspruchen.[44] Solche Regelungen bezwecken in erster Linie, Anreize zu setzen, damit Arbeitnehmer der tarifschließenden Gewerkschaft beitreten.[45] Differenzierungsklauseln sollen – wie der Große Senat in seinem berühmten Beschluss aus dem Jahr 1967 formulierte – „den Vorteil ausgleichen, den die Außenseiter dadurch haben, daß sie die Erfolge gewerkschaftlicher Arbeit in weitem Umfang mitgenießen, ohne zur gewerkschaftlichen Arbeit finanziell beizutragen. Zugleich sollen die Differenzierungen die Organisierten finanziell dafür entschädigen, daß sie ihrerseits die Lasten aus ihrer Organisationszugehörigkeit getragen haben.“[46]

---

[43] Siehe dazu etwa *Bandau*, WSI-Mitteilungen 2018, 96 ff.; *Seiwerth*, EuZA 7 (2014), 450, 456 ff.

[44] Umfassend dazu aus jüngerer Zeit *Waltermann*, Differenzierungsklauseln im Tarifvertrag in der auf Mitgliedschaft aufbauenden Tarifautonomie, 2016.

[45] Siehe *Waltermann*, Differenzierungsklauseln im Tarifvertrag in der auf Mitgliedschaft aufbauenden Tarifautonomie, 2016, S. 23 f. mit weiteren Nachweisen.

[46] BAG 29. 11. 1967 – GS 1/67, AP GG Art. 9 Nr. 13 = BAGE 20, 175, 199.

a)   Entwicklung der Rechtsprechung des BAG

Die Auseinandersetzung um solche Klauseln reicht bis in die 1950er Jahre zurück.[47] Der Große Senat des BAG hatte in dem genannten Beschluss Differenzierungsklauseln anhand besonderer Tarifausschluss- und Spannenklauseln eine allgemeine Absage erteilt.[48] Dies hat die neuere Rechtsprechung des Vierten Senats des BAG deutlich modifiziert: Danach sind einfache Differenzierungsklauseln zulässig, soweit solche Klauseln nicht an den Kern des Austauschverhältnisses von Leistung und Gegenleistung anknüpfen und keinen unzumutbaren Beitrittsdruck auf die Außenseiter-Arbeitnehmer ausüben.[49] Auf der arbeitsvertraglichen Ebene hat der Vierte Senat die einfache Differenzierungsklausel dadurch abgesichert, dass sogar eine als Gleichstellungsabrede auszulegende Bezugnahmeklausel die im Tarifvertrag angelegte Differenzierung zwischen Gewerkschaftsmitgliedern und nichtorganisierten Arbeitnehmern aufnimmt, mit der Folge, dass dem Außenseiter kein arbeitsvertraglicher Anspruch auf die den Gewerkschaftsmitgliedern im Tarifvertrag vorbehaltenen Leistungen zusteht.[50]

Damit kann der Arbeitgeber die tarifvertragliche Differenzierungsklausel nur dadurch unterlaufen, dass er freiwillig – ohne Verpflichtung aufgrund der allgemein verwendeten Bezugnahmeklausel – die den Gewerkschaftsmitgliedern vorbehaltene Leistung ebenso den nicht tarifgebundenen Arbeitnehmern gewährt. Dagegen schützen nur Tarifausschluss- und Spannenklauseln.[51] Diese hält der Vierte Senat nach wie vor für unzulässig, weil solche Klauseln auf das

---

47   Zur damaligen Diskussion siehe beispielsweise *Gamillscheg*, Die Differenzierung nach der Gewerkschaftszugehörigkeit, 1966; *Wiedemann*, RdA 1969, 321 ff.; *Zöllner*, Tarifvertragliche Differenzierungsklauseln, 1967.

48   BAG 29. 11. 1967 – GS 1/67, AP GG Art. 9 Nr. 13 = BAGE 20, 175.

49   BAG 18. 3. 2009 – 4 AZR 64/08, NZA 2009, 1028; BAG 23. 3. 2011 – 4 AZR 366/09, NZA 2011, 920; kritisch dazu *Scholz*, in *Maunz/Dürig*, Grundgesetz-Kommentar, Art. 9 Rn. 231, Loseblatt, 78. Lieferung, September 2016; zustimmend *Linsenmaier*, in Erfurter Kommentar zum Arbeitsrecht, 18. Aufl. 2018, Art. 9 GG Rn. 34; *Neumann*, Tarifboni für Gewerkschaftsmitglieder, 2012, S. 155 ff.; *Waltermann*, Differenzierungsklauseln im Tarifvertrag in der auf Mitgliedschaft aufbauenden Tarifautonomie, 2016, S. 45.

50   BAG 18. 3. 2009 – 4 AZR 64/08, NZA 2009, 1028 Rn. 28; BAG 22. 9. 2010 – 4 AZR 117/09, AP GG Art. 9 Nr. 144 Rn. 25; kritisch dazu *Lobinger/Hartmann*, RdA 2010, 235 ff.; *Giesen*, Anmerkung zu BAG AP BGB § 242 Gleichbehandlung Nr. 220, unter 2; *Greiner*, Rechtsfragen der Koalitions-, Tarif- und Arbeitskampfpluralität, 2010, S. 373 f.; *Franzen*, Festschrift Picker, 2010, S. 929, 950 f.; zustimmend *Bepler*, AuR 2010, 234, 241; *Heuschmid*, in *Däubler* (Hrsg.), TVG, 4. Aufl. 2016, § 1 Rn. 1078.

51   Zu den Wirkungsweisen der einzelnen Klauseln siehe nur *Franzen*, RdA 2006, 1, 2 f.

Arbeitsverhältnis nicht oder anders organisierter Arbeitsvertragsparteien zugreifen und daher die Grenzen der Tarifmacht überschreiten.[52] Gegen diese Rechtsprechung wird Folgendes eingewandt: Der Eingriff in die Vertragsfreiheit der Arbeitsvertragsparteien durch Tarifausschluss- und Spannenklauseln sei durch Art. 9 Abs. 3 GG gerechtfertigt aufgrund des legitimen Ziels solcher Klauseln, Anreize für die Mitgliedschaft in einer Gewerkschaft zu setzen und daher einfache Differenzierungsklauseln rechtlich abzusichern.[53] Bei dieser Argumentation wird aber meines Erachtens nicht hinreichend berücksichtigt, dass den Tarifvertragsparteien bereits vom Gegenstand her die Befugnis fehlt, Regelungen ausschließlich für die arbeitsvertragliche Ebene zu treffen.[54]

Vor dem Hintergrund dieser Grundsätze hat das BAG auch Sonderformen von Differenzierungsklauseln für zulässig erachtet – etwa Stichtagsklauseln, welche das BAG nicht einmal als Differenzierungsklauseln einordnet,[55] weil auch Gewerkschaftsmitglieder je nach Datum ihres Beitritts unterschiedlich behandelt würden,[56] oder im Rahmen außertarifvertraglicher Regelungen im Zusammenhang mit Erholungsbeihilfen nach § 40 Abs. 2 S. 1 Nr. 3 EStG.[57] Mit diesen Judikaten hat der Vierte Senat des BAG die Tür weit aufgestoßen, um Differenzierungen anhand der Gewerkschaftsmitgliedschaft Wirkung zu verleihen. Die Rechtsprechung des BAG ermöglicht den Gewerkschaften, arbeitgeberseitige Leistungen in Tarifverträgen durchzusetzen, die nur die Gewerkschaftsmitglieder unter den Arbeitnehmern beanspruchen können. Mehr als das kann die Rechtsprechung kaum tun; insofern erscheint das Thema „Differenzierungsklausel" als Lösung für die beschriebene Problematik ausgereizt.[58] Insbesondere bleiben klare Grenzen bestehen: Die Differenzierung darf den Kernbereich des Austauschverhältnisses von Leistung und Gegenleistung nicht tangieren; au-

---

[52]   BAG 23. 3. 2011 – 4 AZR 366/09, NZA 2011, 920 Rn. 48.

[53]   Vgl. *Waltermann*, Differenzierungsklauseln im Tarifvertrag in der auf Mitgliedschaft aufbauenden Tarifautonomie, 2016, S. 72 ff.; ebenso i. E. *Däubler/Heuschmid*, RdA 2013, 1 ff.; *Deinert*, RdA 2014, 129 ff.; *Kamanabrou*, Festschrift Kreutz, 2010, S. 197, 207 f.; *Leydecker*, AuR 2012, 195, 198.

[54]   Insoweit besteht eine Parallele zur Rechtsprechung zu den beschränkten Effektivklauseln, vgl. BAG 21. 7. 1993 – 4 AZR 468/92, AP TVG § 1 Auslegung Nr. 144.

[55]   BAG 15. 4. 2015 – 4 AZR 796/13, NZA 2015, 1388 Rn. 27; ebenso BAG 17. 5. 2017 – 4 AZR 646/14, BeckRS 2017, 116713; BAG 6. 7. 2017 – 4 AZR 966/13, BeckRS 2016, 74818; BAG 27. 1. 2016 – 4 AZR 830/13, BeckRS 2016, 68726.

[56]   Kritisch zu diesem Argument *Greiner*, NZA 2016, 10, 11.

[57]   BAG 21. 5. 2014 – 4 AZR 50/13, NZA 2015, 115; siehe dazu noch ausführlich unten D. I. 2. a) bb).

[58]   Weitergehend *Waltermann*, Differenzierungsklauseln im Tarifvertrag in der auf Mitgliedschaft aufbauenden Tarifautonomie, 2016, S. 68 ff.

ßerdem muss die negative Koalitionsfreiheit der nicht organisierten Arbeitnehmer beachtet werden, weshalb eine Differenzierungsklausel keinen unzumutbaren Beitrittsdruck ausüben darf.

b)   Umfang zulässiger Differenzierungen

Über die zulässige Höhe von solchen den Gewerkschaftsmitgliedern vorbehaltenen Leistungen ist damit noch nichts gesagt. In der Literatur wird eine arbeitgeberseitige Leistung in Höhe des doppelten Gewerkschaftsbeitrags als unproblematisch eingeschätzt.[59] Der Mitgliedsbeitrag ist bei den meisten Gewerkschaften vom Bruttoeinkommen abhängig und beträgt zumeist ca. 1 % davon.[60] Damit wäre eine Differenzierungsklausel, welche Leistungen des Arbeitgebers an die Gewerkschaftsmitglieder in Höhe von 2 % des Bruttoeinkommens vorsieht, unproblematisch zulässig.

Das BAG ist in Einzelfällen – allerdings stets in Sanierungsfällen – über diese Grenze deutlich hinausgegangen.[61] So hat der Vierte Senat des BAG in dem Umstrukturierungsfall „Nokia-Siemens Networks" (NSN) eine atypische Differenzierungsklausel akzeptiert.[62] Diese sah für die betroffenen Arbeitnehmer, die

---

[59]   Siehe *Neumann*, Tarifboni für Gewerkschaftsmitglieder, 2012, S. 166; *Waltermann*, Differenzierungsklauseln im Tarifvertrag in der auf Mitgliedschaft aufbauenden Tarifautonomie, 2016, S. 48.

[60]   IG Metall: 1 % nach § 5 Nr. 2 der Satzung (gültig ab 1. 1. 2016).
ver.di: 1 % nach § 14 Nr. 1 der Satzung (zuletzt geändert auf dem 4. Ordentlichen ver.di-Bundeskongress vom 20.–26. September 2015 in Leipzig).
IG BCE: § 8 Nr. 1 der Satzung (Stand: Oktober 2017): Beitrag abhängig vom Monatseinkommen nach einer Beitragstabelle im Anhang der Satzung; danach beträgt der Monatsbeitrag bei einem Monatseinkommen von 3481,90 € 36,30 €, was etwas unterhalb der 1 %-Regel bleibt; für darüber hinaus gehende Monatseinkommen erhöht sich der Monatsbeitrag für aktive Mitglieder je weiter 48,57 € um 0,51 €, was etwas über der 1% Grenze liegt.
IG BAU: 1,15 % des Monatseinkommens nach § 8 Nr. 2 der Satzung (beschlossen auf dem 22. Ordentlichen Gewerkschaftstag vom 9.–13. Oktober 2017 in Berlin).
NGG: 1 % nach § 13 Nr. 2a der Satzung (Stand: 1. 1. 2014).

[61]   Vgl. etwa BAG 15. 4. 2015 – 4 AZR 796/13, NZA 2015, 1388 Rn. 45 ff. = AP TVG § 3 Nr. 57; BAG 21. 8. 2013 – 4 AZR 861/11, NZA-RR 2014, 201; BAG 5. 9. 2012 – 4 AZR 696/10, ZTR 2013, 259; BAG 17. 5. 2017 – 4 AZR 646/14, BeckRS 2017, 116713; BAG 6. 7. 2017 – 4 AZR 966/13, BeckRS 2016, 74818; BAG 27. 1. 2016 – 4 AZR 830/13, BeckRS 2016, 68726; ebenso die Einschätzung von *Heuschmid*, in *Däubler* (Hrsg.), TVG, 4. Aufl. 2016, § 1 Rn. 1076.

[62]   BAG 15. 4. 2015 – 4 AZR 796/13, NZA 2015, 1388 Rn. 45 ff. = AP TVG § 3 Nr. 57; zum selben Umstrukturierungsfall BAG 17. 5. 2017 – 4 AZR 646/14, BeckRS 2017, 116713;

zu einem bestimmten Stichtag der tarifschließenden IG Metall beigetreten waren, Folgendes vor: Während Außenseiter, welche in die Transfergesellschaft wechselten, dort 70 % ihres bisherigen Bruttomonatseinkommens erhalten sollten, waren es für die Gewerkschaftsmitglieder 80 %; außerdem konnten diese eine pauschal um 10.000 € höhere Abfindung beanspruchen.[63] Der Vierte Senat hat zwar diese Regelung wegen der damit verbundenen Stichtagsklausel nicht als typische einfache Differenzierungsklausel gedeutet,[64] hat aber in der Sache dieselben Maßstäbe angelegt und geprüft, ob von den entsprechenden tariflichen Regelungen ein „unerträglicher Druck" zum Gewerkschaftsbeitritt ausgeht, dies aber und damit einen entsprechenden Eingriff in die negative Koalitionsfreiheit der Außenseiter verneint.[65] Daher wird man diese Rechtsprechung ebenso für echte einfache Differenzierungsklauseln zugrundelegen können. Im Ergebnis erhielt in diesem Fall ein Gewerkschaftsmitglied, das vor dem Stichtag der Gewerkschaft beigetreten war, ein um 12,5 % höheres Monatsentgelt als ein anderer vergleichbarer Arbeitnehmer[66] oder 10 % mehr von seinem bisherigen Bruttoeinkommen als dieser Arbeitnehmer – die pauschal erhöhte Abfindung ist dabei noch gar nicht berücksichtigt.

Wenn man die Erkenntnisse dieses Urteils des Vierten Senats des BAG auf allgemeine Differenzierungsklauseln übertragen wollte, müsste man allerdings wohl noch einen maßvollen Abschlag anbringen, weil das Einkommen in der Transfergesellschaft und damit die entsprechende Differenzierung von ca. 12 % zwischen Gewerkschaftsmitgliedern und anderen Arbeitnehmern nicht auf Dauer angelegt ist, sondern nur für die Zeit der Beschäftigung in der Transfergesellschaft gilt. Unter Berücksichtigung dieses Abschlags könnte dies bedeuten, dass Differenzierungsklauseln ungefähr bis zur Höhe von ca. 6 bis 8 % des Bruttoeinkommens und damit bis zum sechs- bis achtfachen Gewerkschaftsbeitrag zulässig wären.[67]

BAG 6. 7. 2017 – 4 AZR 966/13, BeckRS 2016, 74818; BAG 27. 1. 2016 – 4 AZR 830/13, BeckRS 2016, 68726.

[63] Vgl. die Angaben im Sachverhalt bei BAG 15. 4. 2015 – 4 AZR 796/13, NZA 2015, 1388.

[64] BAG 15. 4. 2015 – 4 AZR 796/13, NZA 2015, 1388 Rn. 27 = AP TVG § 3 Nr. 57.

[65] BAG 15. 4. 2015 – 4 AZR 796/13, NZA 2015, 1388 Rn. 45 ff. = AP TVG § 3 Nr. 57.

[66] 10 % des Bruttoeinkommens (Differenz von 70 % für Außenseiter und 80 % für Gewerkschaftsmitglieder) : 80 % x 100 = 12,5 %.

[67] Ähnlich *Kalb*, jM 2015, 107, 111: „ein durchschnittliches Monatsgehalt pro Jahr"; weitergehend *Deinert*, RdA 2014, 129, 134: Differenzierung von einem Drittel zulässig; weitergehend auch *Heuschmid*, in *Däubler* (Hrsg.), TVG, 4. Aufl. 2016, § 1

c) Grenzen des Einsatzes von Differenzierungsklauseln

Insgesamt erlaubt die Rechtsordnung damit den Gewerkschaften mit Hilfe solcher Differenzierungsklauseln gewisse pekuniäre Anreize durchzusetzen, um die Mitgliedschaft attraktiver zu machen. Differenzierungsklauseln sind allerdings kein Königsweg[68].

aa) Kenntnis des Arbeitgebers von der Gewerkschaftszugehörigkeit der Arbeitnehmer

Um Differenzierungsklauseln praktisch umzusetzen, muss der Arbeitgeber erfahren, wer der Gewerkschaft angehört. Dies erscheint unter zwei rechtlichen Aspekten problematisch:

Zum einen ist der Umstand der Mitgliedschaft in einer Gewerkschaft ein auf die Person des entsprechenden Mitglieds bezogenes Datum, welches dem besonderen Verarbeitungsverbot des Art. 9 Abs. 1 DS-GVO unterliegt, wo die Gewerkschaftszugehörigkeit als so genanntes „sensibles Datum" ausdrücklich genannt ist. Ausnahmen von diesem Verarbeitungsverbot sind nach Art. 9 Abs. 2 DS-GVO nur zulässig bei ausdrücklich darauf bezogener Einwilligung der betroffenen Person, also des Gewerkschaftsmitglieds (Art. 9 Abs. 2 Buchst. a DS-GVO), oder wenn die Verarbeitung erforderlich ist, damit der Datenverarbeiter Rechte u.a. aus dem nationalen Arbeitsrecht geltend machen kann (Art. 9 Abs. 2 Buchst. b DS-GVO).[69] Die weiteren Erlaubnistatbestände des Art. 9 Abs. 2 DS-GVO scheiden im vorliegenden Zusammenhang offenkundig aus. § 26 Abs. 3 BDSG hat diese Rechtslage nachvollzogen. Dies bedeutet im Ergebnis, dass die Gewerkschaft den Umstand, dass ein bestimmter Arbeitnehmer ihr angehört, dem Arbeitgeber nur mitteilen darf, wenn der Arbeitnehmer hierzu seine ausdrückliche Einwilligung erteilt hat, wie sich insbesondere auch aus Art. 9 Abs. 2 Buchst. d DS-GVO deutlich ergibt.[70]

Rn. 1076: Tarifvertragsparteien seien bei der Regelung von Sonderzahlungen „weitgehend frei".

[68]   Ebenso die Einschätzung von *Bepler*, Diskussionsbeitrag, Verhandlungen des 70. Deutschen Juristentag Hannover 2014, Band II/2, K 164; *Hopfner*, Diskussionsbeitrag, Verhandlungen des 70. Deutschen Juristentag Hannover 2014, Band II/2, K 163.

[69]   Siehe dazu näher *Franzen*, in *Franzen/Gallner/Oetker* (Hrsg.), Kommentar zum europäischen Arbeitsrecht, 2. Aufl. 2018, DS-GVO Art. 9 Rn. 7 ff.

[70]   Die Vorschrift privilegiert die Datenverarbeitung im Hinblick auf personenbezogene Daten von Mitgliedern unter anderem von Gewerkschaften, setzt aber die aus-

Zum anderen hat die Gewerkschaft selbst ein in Art. 9 Abs. 3 GG fundiertes berechtigtes Interesse daran, dass der Arbeitgeber ihre relative Stärke im Betrieb nicht erfährt. Dies hat das BVerfG im Urteil über das Tarifeinheitsgesetz vom 11. 7. 2017 klar gesagt:

> *„Die gerichtliche Feststellung der Mehrheitsverhältnisse im Beschlussverfahren nach § 2a Abs. 1 Nr. 6, § 99 ArbGG birgt die Gefahr, dass die Mitgliederstärke der Gewerkschaften im Betrieb gegenüber dem Arbeitgeber offen gelegt wird. Dies ist mit Rücksicht auf die in Art. 9 Abs. 3 GG geschützte Parität zwischen Gewerkschaften und Arbeitgeber nach Möglichkeit zu vermeiden. Denn die Ungewissheit über die für die tatsächliche Durchsetzungskraft der Gewerkschaft wesentliche Mitgliederstärke in einer konkreten Verhandlungssituation ist von besonderer Bedeutung dafür, dessen Verhandlungsbereitschaft zu fördern und zu einem angemessenen Interessenausgleich zu gelangen."*[71]

Nun kann man einwenden: Wenn die Gewerkschaft eine Differenzierungsklausel in einem Tarifvertrag durchsetzt, muss sie es eben hinnehmen, dass auch ihre relative Stärke im Betrieb bekannt wird. Und ein Arbeitnehmer muss eben seine Gewerkschaftszugehörigkeit als anspruchsbegründende Tatsache offenlegen, wenn er einen Anspruch aus einer tarifvertraglichen Differenzierungsklausel gegen den Arbeitgeber geltend machen möchte. Dies ist grundsätzlich richtig, zeigt aber gleichzeitig, dass die Durchschlagskraft tariflicher Differenzierungsklauseln begrenzt ist, weil Gewerkschaften und deren Mitglieder genau diese Effekte vielfach vermeiden möchten. Dies mag erklären, dass man in der Praxis nicht selten auf andere Konstruktionen ausweicht,[72] etwa indem dritte Personen wie beispielsweise Treuhänder oder andere Einrichtungen in die Zahlungsabwicklung eingeschaltet werden.[73]

Für Aktivitäten des Gesetzgebers, der in der übrigen Rechtsordnung Anreize für den Beitritt in eine Gewerkschaft schaffen will, gelten die genannten Ein-

---

drückliche Einwilligung des Mitglieds voraus, vgl. *Schiff*, in *Ehmann/Selmayr* (Hrsg.), DS-GVO, 2017, Art. 9 Rn. 38.

[71] BVerfG 11. 7. 2017 – 1 BvR 1571/15, NZA 2017, 915 Rn. 198.

[72] Siehe beispielsweise die Konstellation BAG 21. 5. 2014 – 4 AZR 50/13, NZA 2015, 115, in welcher der Arbeitgeber einen bestimmten Geldbetrag einem gemeinnützigen Verein zur Verfügung gestellt hat, der sicherstellte, dass die Gelder nur an Gewerkschaftsmitglieder ausgezahlt werden; siehe dazu noch ausführlich unten D. I. 2. a) bb).

[73] Näher zu den einzelnen Gestaltungsvarianten *Heuschmid*, in *Däubler* (Hrsg.), TVG, 4. Aufl. 2016, § 1 Rn. 1095.

wände ohnehin nicht. Der Gesetzgeber müsste also die entsprechenden Regeln wegen Art. 9 DS-GVO und Art. 9 Abs. 3 GG so ausgestalten, dass die Arbeitgeberseite keine Kenntnis erlangt über den Umstand der Gewerkschaftsmitgliedschaft unter den Arbeitnehmern.

bb) Faktische Grenzen

Außerdem ist zweifelhaft, ob man mit solchen Differenzierungen wirklich Anreize zum Gewerkschaftsbeitritt setzen kann. Es kann nämlich der gegenteilige Effekt eintreten: Arbeitnehmer, die der Gewerkschaft nicht angehören, können erst recht fernbleiben, wenn der Eindruck entsteht, dass die Gewerkschaft ihnen etwas vorenthalten will[74]. Ferner ist ganz generell auch gewerkschaftspolitisch nicht völlig unumstritten[75], ob die Forderung nach Differenzierungsklauseln nicht der grundsätzlich ebenso vertretenen politischen Gesamtrepräsentation aller Arbeitnehmer insbesondere durch den DGB und den in diesem vertretenen Gewerkschaften widerspricht[76]. Es kommt hinzu, dass die Arbeitgeberseite typischerweise Differenzierungsklauseln eher skeptisch sieht, weil man sich dort der Gesamtheit der Arbeitnehmer unabhängig von ihrer Organisationszugehörigkeit verpflichtet fühlt[77].

Möglicherweise aus den genannten Gründen werden Differenzierungsklauseln unabhängig von der konkreten Ausformung in der Praxis ganz überwiegend im Rahmen von Standortsicherungstarifverträgen in Sanierungsfällen vereinbart[78].

---

[74] Vgl. dazu den Hinweis bei *Hopfner*, Diskussionsbeitrag, Verhandlungen des 70. Deutschen Juristentag Hannover 2014, Band II/2, K 163; ebenso *Bepler*, Diskussionsbeitrag, Verhandlungen des 70. Deutschen Juristentag Hannover 2014, Band II/2, K 164.

[75] Kurze Nachzeichnung bei *Heuschmid*, in *Däubler* (Hrsg.), TVG, 4. Aufl. 2016, § 1 Rn. 1060; ausführlich zur früheren Diskussion *Seitenzahl/Zachert/Pütz*, Vorteilsregelungen für Gewerkschaftsmitglieder, 1976.

[76] Siehe dazu sogleich unten B. II. 3.

[77] Siehe zu diesem Argument *Waltermann*, Differenzierungsklauseln im Tarifvertrag in der auf Mitgliedschaft aufbauenden Tarifautonomie, 2016, S. 48; ebenso der Hinweis von *Hopfner*, Diskussionsbeitrag, Verhandlungen des 70. Deutschen Juristentag Hannover 2014, Band II/2, K 163.

[78] Ebenso die Einschätzung von *Bepler*, AuR 2010, 234, 241; *dems.*, Diskussionsbeitrag, Verhandlungen des 70. Deutschen Juristentag Hannover 2014, Band II/2, K 164; *Däubler/Heuschmid*, RdA 2013, 1, 3 f.; *Heuschmid*, in *Däubler* (Hrsg.), TVG, 4. Aufl. 2016, § 1 Rn. 1060; eine solche Konstellation betraf auch den vorstehend skizzierten Fall BAG 15. 4. 2015 – 4 AZR 796/13, NZA 2015, 1388; dasselbe gilt für BAG 21. 8. 2013 – 4 AZR 861/11, NZA-RR 2014, 2012; BAG 5. 9. 2012 – 4 AZR 696/10, ZTR 2013, 259; BAG 21. 5. 2014 – 4 AZR 50/13, NZA 2015, 115; BAG 17. 5. 2017 – 4 AZR

Die Gewerkschaftsseite kann hier folgendermaßen argumentieren: Wenn die Arbeitgeberseite die Gewerkschaft benötigt, um tarifliche Arbeitsbedingungen abzusenken und so das Unternehmen zukunftsfähig zu machen, muss der Arbeitgeber den Mitgliedern in dieser Gewerkschaft unter den Arbeitnehmern eine diesen vorbehaltene Zusatzleistung gewähren, damit die Gewerkschaft die Verschlechterung der Arbeitsbedingungen ihren Mitgliedern gegenüber zu rechtfertigen vermag. Diese Argumentation ist auf Tarifverträge außerhalb derartiger Sondersituationen nur schwerlich übertragbar. Daher wird die Gewerkschaft außerhalb solcher Sondersituationen die Arbeitgeberseite nicht ohne weiteres von der Notwendigkeit von Differenzierungsklauseln überzeugen können.

3. Tarifverträge als schützenswerte geistige Leistung?

Tarifverträge zu erstellen, ist eine Leistung, die man schützen könnte. Über die skizzierten Grundsätze hinaus erfolgt ein solcher Schutz durch die Rechtsordnung jedoch nicht. Das Urheberrecht als das Schutzrecht für geistige Leistungen greift nicht ein. Nach § 5 Abs. 1 UrhG genießen Gesetze, Verordnungen, amtliche Erlasse und Bekanntmachungen sowie Entscheidungen und amtlich verfasste Leitsätze keinen urheberrechtlichen Schutz. Hierzu zählen nach herrschender Auffassung auch Tarifverträge.[79] Dies ist zwar nicht ganz zweifelsfrei, weil private Normwerke von § 5 Abs. 1 UrhG nicht erfasst sind und daher insbesondere allgemeine Geschäftsbedingungen unter bestimmten Voraussetzungen urheberrechtlichen Schutz genießen können.[80] Die unterschiedliche rechtsquellentheoretische Einordnung von Tarifverträgen als private Normenverträge[81] und allgemeine Geschäftsbedingungen als Bestandteil der vertraglichen Abre-

---

646/14, BeckRS 2017, 116713; BAG 6. 7. 2017 – 4 AZR 966/13, BeckRS 2016, 74818; BAG 27. 1. 2016 – 4 AZR 830/13, BeckRS 2016, 68726.

[79] Siehe BAG 11. 11. 1968 – 1 AZR 16/68, AP GG Art. 9 Nr. 14 = NJW 1969, 861, 862; *Ahlberg*, in *Möhring/Nicolini*, Urheberrecht, 3. Aufl. 2014, § 5 Rn. 12; *Löwisch/Rieble*, TVG, 4. Aufl. 2017, § 1 Rn. 124 ff.; *Marquardt*, in *Wandtke/Bullinger* (Hrsg.), Praxiskommentar zum Urheberrecht, 4. Aufl. 2014, § 5 Rn. 9; *Rehbinder/Peukert*, Urheberrecht, 17. Aufl. 2015, § 31 IV, Rn. 612; *v. Gamm*, GRUR 1969, 593, 595 f.; siehe auch *Rieble*, ZfA 2005, 245, 270.

[80] Vgl. LG München I 10. 11. 1989 – 21 O 6222/89, GRUR 1991, 50; *Bullinger*, in *Wandtke/Bullinger* (Hrsg.), Praxiskommentar zum Urheberrecht, 4. Aufl. 2014, § 2 Rn. 59; *Rehbinder/Peukert*, Urheberrecht, 17. Aufl. 2015, § 11 I, Rn. 253; *Schricker/Loewenheim* (Hrsg.), Urheberrecht, 4. Aufl. 2010, § 2 Rn. 91; *v. Gamm*, GRUR 1969, 593, 594 f.

[81] Siehe dazu nur *Thüsing*, in *Wiedemann* (Hrsg.), TVG, 7. Aufl. 2007, § 1 Rn. 42 ff. mit weiteren Nachweisen.

de[82] kann nicht darüber hinweg täuschen, dass unter dem Gesichtspunkt der Verwertbarkeit der entsprechenden Leistung durchaus gleichgerichtete Interessenlagen bestehen. Vor allem wenn man einem privatautonomen Ansatz hinsichtlich der Geltungserklärung von Tarifnormen folgt,[83] könnte man unter dem Gesichtspunkt des Urheberrechtsschutzes eine Parallele zu sonstigen privaten Regelwerken ziehen,[84] um hierdurch die Leistung der Tarifvertragsparteien, welche in der Erstellung des Tarifwerks liegt, für diese zu Lasten Dritter nutzbar zu machen.

Ein solcher Schutz von Tarifverträgen verkennt allerdings einen ganz entscheidenden Gesichtspunkt in der historischen Entwicklung der kollektiven Arbeitsbeziehungen in Deutschland – und deshalb wurde solchen Gedanken im Allgemeinen wohl auch nicht gefolgt. Die Gewerkschaften nehmen faktisch, nicht rechtlich eine Gesamtrepräsentation aller Arbeitnehmer im räumlichen und persönlichen Geltungsbereich der jeweiligen Gewerkschaftssatzung wahr. Art. 9 Abs. 3 GG garantiert den Koalitionen auf Arbeitnehmer- und Arbeitgeberseite sowie den einzelnen Arbeitnehmern und Arbeitgebern einen weitgehend staatsfreien Autonomiebereich. Die Koalitionen sind aufgrund des rechtsgeschäftlichen Beitrittsakts ihrer Mitglieder berechtigt, für diese deren Arbeits- und Wirtschaftsbedingungen zu regeln. Gleichzeitig repräsentieren die Koalitionen faktisch die Gesamtinteressen der jeweils eigenen Seite im Rahmen ihrer personellen und gegenständlichen durch die Verbandssatzung vorgezeichneten Zuständigkeit.[85] Diese Repräsentation bestimmt auch heute noch trotz sinkender Mitgliederzahlen auf Seiten der Gewerkschaften[86] wie Arbeitgeberverbänden faktisch die Rechtswirklichkeit. Hieraus lassen sich zwar keine rechtlichen Ge- oder Verbote ableiten.[87] Diese Gesamtrepräsentation insbesondere der DGB-Gewerkschaften erklärt aber, wieso die in der Erstellung des Tarifvertrags lie-

---

[82]   Zur früheren Diskussion über den Geltungsgrund von Allgemeinen Geschäftsbedingungen als Norm oder Vertragsbestandteil und zum heute herrschenden vertragsrechtlichen Verständnis siehe nur *Stoffels*, AGB-Recht, 3. Aufl. 2015, Rn. 100 ff.

[83]   Siehe dazu *Linsenmaier*, in Erfurter Kommentar zum Arbeitsrecht, 18. Aufl. 2018, Art. 9 GG Rn. 56.

[84]   Ebenso bei umgekehrtem Ergebnis *Rehbinder*, UFITA 80 (1977), 73, 78 ff.: analoge Anwendung von § 5 UrhG auf allgemeine Geschäftsbedingungen.

[85]   Ausführlich *Gamillscheg*, Die Differenzierung nach der Gewerkschaftszugehörigkeit, 1966, S. 36 ff.; *Wiedemann*, RdA 1969, 321, 327 f.

[86]   Dazu siehe oben A. III. 1.

[87]   So aber *Zöllner*, Tarifvertragliche Differenzierungsklauseln, 1967, S. 50 ff., der u.a. hieraus auf die Unzulässigkeit von tarifvertraglichen Differenzierungsklauseln schließt; wie hier *Wiedemann*, RdA 1969, 321, 328.

gende Leistung allen Arbeitnehmern ohne Ausgleichsmöglichkeiten für die Gewerkschaften zugute kommt. Deshalb dürfte auch eine weit verbreitete Erwartungshaltung jedenfalls der Arbeitnehmer tarifgebundener Arbeitgeber bestehen, auch ohne eigene Tarifbindung nach Tarif bezahlt zu werden. Daher gibt die von *Peter Hanau* plakativ bereits 1969 geprägte Formel vom „Gemeingebrauch am Tarifvertrag"[88] das Rechtsverständnis in Deutschland schon plastisch wieder. Diese griffige Formulierung verdeckt allerdings, dass Außenseiter-Arbeitnehmer und Arbeitgeber lediglich den Inhalt der tarifvertraglichen Regelung vollständig für ihre Rechtsbeziehungen zugrundelegen können, nicht aber deren Wirkung, insbesondere nicht § 4 Abs. 1 und 5 TVG. Nur für die Tarifgebundenen statuieren die Tarifverträge unabdingbare Mindestarbeitsbedingungen.

III. Fazit

Für die Arbeitgeberseite liegt der Vorteil des Tarifvertrags primär in dessen Standardisierungsfunktion und der Ersparnis von Transaktionskosten. Je nach Ausgestaltung im Einzelfall kann dieser Vorteil Nachteile des Tarifvertrags aus Arbeitgebersicht kompensieren. Diese liegen in der Fremdbestimmung und gegebenenfalls in einer gewissen fehlenden Flexibilität. Außerdem führt die Logik des Verhandlungsrituals bei den regelmäßigen tariflichen Lohnrunden zu Folgendem: Je stärker die Tarifentgelte steigen oder andere neu verhandelte Inhalte des Tarifvertrags für Arbeitgeber unbequem sind, desto größer ist der Erfolg der Gewerkschaft, mit dem sie für Mitglieder werben kann. Gleichzeitig werden hierdurch desto eher Arbeitgeber davon abgehalten, sich einem aus Sicht der Arbeitgeber zu teuren oder sonst unbequemen Flächentarif zu unterwerfen. Der Erfolg der einen Seite kann also die Bereitschaft auf der anderen Seite, dem System beizutreten, erodieren lassen.[89] Dieser Zusammenhang ist ein Stück weit systembedingt und kann nicht vollständig beseitigt werden.

---

[88] *Hanau,* JuS 1969, 213; programmatisch die Gegenposition von *Leydecker,* Der Tarifvertrag als exklusives Gut, 2005; kritisch auch *Däubler/Heuschmid,* RdA 2013, 1: TVG folge nicht dem Modell „Tarifvertrag als Gemeingut".

[89] Dieser Gesichtspunkt in Verbindung mit der Möglichkeit des einzelnen Arbeitgebers, kurzfristig in die OT-Mitgliedschaft zu wechseln, mag die Rechtsprechung des BAG zur „eingeschränkten Vorbindung" (BAG 20. 2. 2008 – 4 AZR 64/07, AP GG Art. 9 Nr. 134; BAG 4. 6. 2008 – 4 AZR 419/07, NZA 2008, 1366) motiviert haben, vgl. dazu *Franzen,* Festschrift Picker, 2010, S. 929, 939 f.

Für die Arbeitnehmer hängt die Anwendung des Tarifvertrags auf ihre Arbeitsverhältnisse und damit die Teilhabe an den tariflichen Errungenschaften der Gewerkschaft allerdings allein von der Entscheidung des Arbeitgebers ab, den Tarifvertrag anzuwenden, sei es als Mitglied des Arbeitgeberverbands oder Partei des Tarifvertrags normativ (§ 4 Abs. 1, § 3 Abs. 1 TVG), sei es arbeitsvertraglich über eine Bezugnahmeklausel. Zu diesem Zweck braucht der einzelne Arbeitnehmer der Gewerkschaft nicht beizutreten. Mittelbar kann der Umstand der Gewerkschaftsmitgliedschaft diese Entscheidung des Arbeitgebers allerdings schon beeinflussen: Er wird umso eher den für ihn einschlägigen Tarifvertrag im Betrieb anwenden, desto stärker die tarifschließende Gewerkschaft dort ist.

C. Gang der weiteren Untersuchung

Peter Hanau hat auf dem 70. Deutschen Juristentag 2014 in Hannover die vorstehend skizzierte geltende Rechtslage mit Blick auf die Gewerkschaften mit der Lage eines Verkäufers verglichen, der sein Produkt – den Tarifvertrag – einem Teil der Kunden verkaufen kann, während er es anderen schenken muss: „Das Geschäft wird nicht besonders laufen."[90] Und *Sebastian Hopfner*, Geschäftsführer des Arbeitgeberverbands der privaten Versicherungswirtschaft, hat die Gewerkschaften auf derselben Veranstaltung aufgefordert, nicht nur über arbeitsrechtliche Lösungen nachzudenken, und als Beispiel für innovative Lösungen einen steuerfreien Betrag für echtes tarifgebundenes Arbeitsentgelt genannt.[91]

In der nachfolgenden Untersuchung soll dieser Gedanke aufgegriffen werden. Es soll der Frage nachgegangen werden, ob die Rechtsordnung außerhalb des Arbeitsrechts weitere pekuniäre Anreize zum Beitritt in Gewerkschaften und/oder Arbeitgeberverbänden setzen kann. Insbesondere soll untersucht werden, inwieweit tarifgebundenes Arbeitsentgelt steuerrechtlich privilegiert werden darf (dazu unten D.). Einkommensteuerrechtliche Privilegierungen weisen allerdings von vornherein gewisse Nachteile auf, die mit der Steuerprogression zusammenhängen. Sie wirken sich je nach individuellem Steuersatz ganz unterschiedlich aus und können pekuniäre Anreize nur setzen, wenn die begünstigten Arbeitnehmer in relevanter Weise Einkommensteuer bezahlen müssen. Begünstigt werden damit eher Arbeitnehmer mit höherem Einkommen. Daher soll in einem weiteren Schritt die sozialversicherungsrechtliche Perspektive einbezogen werden: Kann es rechtlich zulässig und sinnvoll sein, tarifgebundenes Arbeitsentgelt abgabenrechtlich zu privilegieren (unten E.)? Wegen der fehlenden Abgabenprogression hätte dieser Anknüpfungspunkt den Vorteil, dass er gleichmäßig über alle Einkommensgruppen wirkt, soweit die Abgabenpflicht besteht. Abschließend werden auf dieser Basis unter F. konkrete Gesetzgebungsvorschläge diskutiert.

---

[90]   *Hanau*, Diskussionsbeitrag, Verhandlungen des 70. Deutschen Juristentag Hannover 2014, Band II/2, K 162.

[91]   *Hopfner*, Diskussionsbeitrag, Verhandlungen des 70. Deutschen Juristentag Hannover 2014, Band II/2, K 163.

D. Steuerfreiheit tarifgebundenen Arbeitsentgelts

I. Bestandsaufnahme

1. Gewerkschaftsbeitrag als Werbungskosten nach § 9 Abs. 1 S. 3 Nr. 3 EStG

a) Geltendes Recht

Nicht in den unmittelbaren Zusammenhang der Thematik, aber immerhin in ihr Umfeld gehört der Umstand, dass der Mitgliedsbeitrag, den Arbeitnehmer ihrer Gewerkschaft schulden, als Werbungskosten nach § 9 Abs. 1 S. 3 Nr. 3 EStG vom zu versteuernden Einkommen abgezogen werden kann.[92] Es handelt sich hierbei um Aufwendungen für Berufsverbände. Allerdings werden diese Aufwendungen vom Arbeitnehmer-Pauschbetrag nach § 9a S. 1 Nr. 1a EStG – derzeit 1000 € – aufgesaugt. Daher kommt diese Erleichterung bei vielen Arbeitnehmern überhaupt nicht zum Tragen.

Dies zeigt ein einfaches Beispiel: Bei einem durchschnittlichen Bruttojahreseinkommen eines Arbeitnehmers von 44.436 €[93] würde der Gewerkschaftsbeitrag – in aller Regel ca. 1 % des Bruttojahreseinkommens[94] – im Jahr 444 € betragen. Dieser Betrag liegt deutlich unter dem Arbeitnehmer-Pauschbetrag nach § 9a S. 1 Nr. 1a EStG. Der Werbungskostenabzug wirkt sich nur vollständig aus, wenn der betreffende Arbeitnehmer weitere als Werbungskosten absetzbare Aufwendungen tätigt, welche insgesamt die Pauschale in Höhe von 1000 € überschreiten. Hier kommen vor allem Aufwendungen für die Wege zwischen Wohnung und Betrieb nach § 9 Abs. 1 S. 3 Nr. 4 EStG und Aufwendungen we-

---

[92]   Siehe BFH 28. 11. 1980 – VI R 193/77, BFHE 132, 431; BFH 24. 10. 1990 – X R 161/88, AP GG Art. 9 Arbeitskampf Nr. 115, unter 2.

[93]   Nach den Angaben des Statistischen Bundesamtes betrug der durchschnittliche Bruttomonatsverdienst eines vollzeitbeschäftigten Arbeitnehmers im Jahr 2016 3703 € (Quelle: www.destatis.de/DE/ZahlenFakten/GesamtwirtschaftUmwelt). 3703 € x 12 = 44436 €.

[94]   Siehe oben B. II. 2. b).

gen beruflich veranlasster doppelter Haushaltsführung nach § 9 Abs. 1 S. 3 Nr. 5 EStG in Betracht. Fehlt es an einer solchen Sondersituation, ist der Gewerkschaftsbeitrag ohnehin bereits im Arbeitnehmer-Pauschbetrag berücksichtigt und wirkt sich nicht einmal steuermindernd aus – im Gegenteil: Die davon betroffenen Gewerkschaftsmitglieder stehen bei im übrigen gleicher steuerlicher Situation schlechter als die Arbeitnehmer, welche nicht der Gewerkschaft angehören, weil sie eine um den Gewerkschaftsbeitrag höhere Belastung haben.

b)   Denkbare Weiterentwicklungen

Um diesen Verpuffungseffekt zu vermeiden, könnte man den Werbungskostenabzug für Mitgliedsbeiträge von Gewerkschaften aus dem Anwendungsbereich des § 9a S. 1 Nr. 1a EStG herausnehmen. Der Pauschalbetrag für Werbungskosten bei nicht selbständiger Tätigkeit in Höhe von 1000 € nach § 9a S. 1 Nr. 1a EStG dient in erster Linie der Verwaltungsvereinfachung; außerdem soll er den Arbeitnehmern die mitunter lästige Nachweisführung von einzelnen Werbungskosten bei relativ geringen Aufwendungen ersparen.[95] Mit diesem Normzweck sind Ausnahmen grundsätzlich schwer zu vereinbaren, weil sie wiederum die verwaltungstechnischen Abläufe in den Finanzämtern belasten. Dies würde dafür sprechen, die Ausnahme auf Gewerkschaftsbeiträge als solche zu beschränken, und nicht für alle Berufsverbände im Sinne von § 9 Abs. 1 S. 3 Nr. 3 EStG zu öffnen.

In diesem Fall stellen sich Gleichbehandlungsprobleme: Die Privilegierung von Gewerkschaftsbeiträgen gegenüber anderen Beiträgen von Berufsverbänden im Sinne von § 9 Abs. 1 S. 3 Nr. 3 EStG bedarf eines sachlichen Grundes. Diesen kann man in der überragenden Bedeutung sehen, welche die Gewerkschaften für die Funktionsfähigkeit der Tarifautonomie und die Gesamtrepräsentation der Arbeitnehmer einnehmen.[96] Andere Berufsverbände, denen Arbeitnehmer aufgrund ihrer Funktion angehören mögen, haben demgegenüber in aller Regel keine solche herausragende Bedeutung für die Gesamtgesellschaft; es handelt sich bei ihnen eher um Verbände, welche die Partikularinteressen bestimmter Arbeitnehmergruppen vertreten, was ihre Bedeutung keineswegs schmälern soll. Aus dem genannten Grund hat die Verfassung die Koalitionen mit der autonomen Regelung der Arbeits- und Wirtschaftsbedingungen betraut und somit Gewerkschaften und Arbeitgeberverbände in Art. 9 Abs. 3 GG eine inso-

---

[95]   Siehe *von Bornhaupt*, in *Kirchhof/Söhn/Mellinghoff* (Hrsg.), Einkommensteuergesetz-Kommentar, § 9a Anm. A 4, A 77, Loseblatt, 166. Aktualisierung, Juni 2006.

[96]   Siehe dazu schon oben B. II. 3.

weit privilegierte Rechtsstellung eingeräumt. Dieser Gesichtspunkt dürfte die Herausnahme von Beiträgen für die Gewerkschaft aus dem Arbeitnehmerpauschalbetrag des § 9a S. 1 Nr. 1a EStG rechtfertigen.

Die Finanzverwaltung ist durch eine solche Regelung mutmaßlich nicht übermäßig belastet, da die Finanzverwaltung eingereichte Nachweise über entstandene Werbungskosten ohnehin daraufhin überprüfen muss, ob die darin dokumentierten Aufwendungen die Grenze von 1000 € überschreiten. Soweit dies der Fall ist, müssen die Werbungskosten im Einzelfall genau ermittelt werden. Soweit dies nicht der Fall ist, muss lediglich die Bescheinigung der entsprechenden Gewerkschaft über den Jahresbeitrag steuermindernd angesetzt werden, sofern sie vorhanden ist und vorgelegt wird. Der einzelne Arbeitnehmer wiederum wird hierdurch überhaupt nicht belastet.

2. Pauschalversteuerung nach § 40 Abs. 2 EStG

a) Geltendes Recht

aa) Überblick

§ 40 Abs. 2 EStG sieht für bestimmte Leistungen des Arbeitgebers an die Arbeitnehmer die Möglichkeit der Pauschalversteuerung in Höhe von 25 % vor. Solche Leistungen erbringt der Arbeitgeber in der Regel zusätzlich zum Arbeitsentgelt – etwa Mahlzeiten § 40 Abs. 2 S. 1 Nr. 1 und Nr. 1a EStG), Betriebsveranstaltungen (§ 40 Abs. 2 S. 1 Nr. 2 EStG), Verpflegungsmehraufwendungen (§ 40 Abs. 2 S. 1 Nr. 4 EStG), Datenverarbeitungsgeräte (§ 40 Abs. 2 S. 1 Nr. 5 EStG) und Ladevorrichtungen für Elektrofahrzeuge (§ 40 Abs. 2 S. 1 Nr. 6 EStG). Es handelt sich hierbei in aller Regel um Sachleistungen oder Geldleistungen, welche auf die entsprechende Sachleistung bezogen sind. Die einzelnen Leistungsgegenstände sind dabei recht disparat und reichen von der eng mit dem betrieblichen Zusammensein verbundenen Unterstützung von Verpflegungsaufwendungen (§ 40 Abs. 2 S. 1 Nr. 1, 1a und 4 EStG) und Betriebsfeiern (§ 40 Abs. 2 S. 1 Nr. 2 EStG) bis hin zur Förderung der Internetnutzung (§ 40 Abs. 2 S. 1 Nr. 5 EStG) und Elektrofahrzeugen zur Erreichung ökologischer Ziele (§ 40 Abs. 2 S. 1 Nr. 6 EStG) – der zuletzt genannte Tatbestand ist allerdings nach § 52 Abs. 37c EStG bis Ende 2021 befristet.

Der Vorteil der pauschalierten Lohnsteuer liegt darin, dass der Arbeitgeber nach § 40 Abs. 3 S. 1 EStG die Lohnsteuer übernimmt und damit deren alleiniger Schuldner wird und der Arbeitnehmer die entsprechende Leistung nicht selbst versteuern muss. Zivilrechtlich kann freilich die Lohnsteuer insoweit auf den Arbeitnehmer überwälzt werden.[97] Damit korrespondiert stets auch die Abgabenfreiheit in der Sozialversicherung, da § 1 Abs. 1 Nr. 3 SvEV eine entsprechende Verknüpfung herstellt. Außerdem dürfte der Pauschalsteuersatz in Höhe von 25 % zumeist unter dem jeweils anwendbaren Grenzsteuersatz liegen. Dieser erreicht im Einkommensteuertarif 2018 in der zweiten Progressionszone bei einem nicht besonders hohen zu versteuerndem Einkommen von 13.997 € bereits 24 %.[98] Damit werden Anreize geschaffen, dass der Arbeitgeber solche Zulagen zusätzlich zum ohnehin geschuldeten Arbeitslohn überhaupt gewährt.

Weitere Pauschalversteuerungstatbestände enthalten §§ 37a und 37b EStG. Im Rahmen von § 37a EStG geht es um Unternehmen, die Sachprämien im Sinne von § 3 Nr. 38 EStG im Rahmen von Kundenbindungsprogrammen gewähren, und bei § 37b EStG um betrieblich veranlasste Zuwendungen und Geschenke. In beiden Fällen handelt es sich nicht um Arbeitsentgelt im engeren Sinne, sondern um zusätzliche Leistungen des Arbeitgebers oder Dritter (im Fall des § 37a EStG), auf die der Arbeitnehmer keinen Anspruch hat.[99]

bb) Insbesondere: Erholungsbeihilfe nach § 40 Abs. 2 S. 1 Nr. 3 EStG

Besonderer Betrachtung bedarf die Erholungsbeihilfe nach § 40 Abs. 2 S. 1 Nr. 3 EStG, weil dieser Tatbestand bereits im Zusammenhang mit der Vereinbarung von Differenzierungsklauseln[100] genutzt wurde.

Das BAG hat diese Konstruktion arbeitsrechtlich akzeptiert:[101] Im konkreten Fall hatte der Arbeitgeber in einer wirtschaftlich angespannten Situation, in der die Arbeitnehmer Sanierungsbeiträge leisten mussten, an einen gewerkschaftlich beherrschten Verein (Saarverein) einen bestimmten Geldbetrag bezahlt. Der Verein leistete daraus sogenannte Erholungsbeihilfen ausschließlich an die Mitglieder der Gewerkschaft unter den Arbeitnehmern dieses Arbeitgebers. Wegen der rechtlichen Konstruktion über den Verein zahlte der Arbeitgeber nicht direkt an die Arbeitnehmer und musste daher auch nicht über den Um-

---

[97] *Linck*, in *Schaub*, Arbeitsrechts-Handbuch, 17. Aufl. 2017, § 71 Rn. 6.

[98] Siehe Bundesministerium der Finanzen, Datensammlung zur Steuerpolitik, Ausgabe 2016/2017, S. 28, Tabelle 2.5.1.

[99] Näher *Fischer*, in *Henssler/Willemsen/Kalb* (Hrsg.), Arbeitsrecht-Kommentar, 8. Aufl. 2018, §§ 19, 38 EStG Rn. 26.

[100] Siehe oben B. II. 2. a).

[101] BAG 21. 5. 2014 – 4 AZR 50/13, NZA 2015, 115.

stand der Gewerkschaftsmitgliedschaft informiert sein.[102] Aufgrund dieser Konstruktion waren nach Auffassung des BAG die Grundsätze über die Zulässigkeit tarifvertraglicher Differenzierungsklauseln ebenso wenig anwendbar wie der arbeitsrechtliche Gleichbehandlungsgrundsatz – letzteres begründet das BAG damit, dass bei Vereinbarungen von Tarifvertragsparteien von einem Verhandlungsgleichgewicht ausgegangen werden könne und daher die Arbeitnehmerseite insoweit nicht strukturell unterlegen sei.[103]

Ob diese Ableitung des arbeitsrechtlichen Gleichbehandlungsgrundsatzes aus einer disparitären Verhandlungssituation zwischen Arbeitgeber und Arbeitnehmer tragfähig ist,[104] spielt für die vorliegende Untersuchung keine Rolle. An dieser Stelle ist nur darauf hinzuweisen, dass die steuer- und abgabenrechtliche Privilegierung solcher Gestaltungen nicht ganz sicher erscheint:[105] Zwar hat der Saarverein eine positive Anrufungsauskunft des zuständigen Betriebsstättenfinanzamts nach § 42e EStG[106] erhalten.[107] Dies hat allerdings gleichwohl dazu geführt, dass der Arbeitgeber Nachzahlungen an die Finanzverwaltung und die Sozialversicherungsträger leisten musste.[108] Jedenfalls hat es auch das BAG für möglich gehalten, dass die Auszahlungen des Saarvereins nicht die in § 40 Abs. 2 S. 1 Nr. 3 EStG vorgesehenen Grenzen eingehalten haben:

„Mögliche Abweichungen von der dem Grunde nach in der Beitrittsvereinbarung iVm. § 40 Abs. 2 EStG vorgesehenen Staffelung der Beträge nach Familienstand und Kinderzahl bei der konkreten Umsetzung durch den Saarverein führen nicht zu deren Unwirksamkeit. Sie stellen allenfalls eine abredewidrige Verwendung durch den Saarverein dar, lassen sich aber nicht auf die Beitrittsvereinbarung selbst und damit auf eine Willenserklärung der Beklagten zurückführen."[109]

---

[102] Siehe zu diesem Problem im Rahmen von tarifvertraglichen Differenzierungsklauseln oben B. II. 2. c) aa).

[103] BAG 21. 5. 2014 – 4 AZR 50/13, NZA 2015, 115 Rn. 29.

[104] Kritisch dazu *Giesen*, Anmerkung zu BAG AP BGB § 242 Gleichbehandlung Nr. 220, unter 2c.

[105] Vgl. *Giesen*, Anmerkung zu BAG AP BGB § 242 Gleichbehandlung Nr. 220, unter 3; *Löwisch/Rieble*, TVG, 4. Aufl. 2017, § 1 Rn. 1343.

[106] Zur Anrufungsauskunft nach § 42e EStG und deren Bindungswirkung siehe *Prusko*, DB 2018, 1044.

[107] Angaben bei BAG 21. 5. 2014 – 4 AZR 50/13, NZA 2015, 115 Rn. 8.

[108] Angaben bei BAG 21. 5. 2014 – 4 AZR 50/13, NZA 2015, 115 Rn. 11.

[109] BAG 21. 5. 2014 – 4 AZR 50/13, NZA 2015, 115 Rn. 49; ebenso die Vorinstanz LAG Hessen 19. 11. 2012 – 17 Sa 285/12, BeckRS 2013, 65630, unter B. II. 3. C) d) aa) aaa) (4) (ii).

Dies dürfte freilich eher eine Frage des Einzelfalls darstellen und ist hier daher zu vernachlässigen. Wichtiger ist die allgemein in § 40 Abs. 2 S. 1 Nr. 3 EStG formulierte Voraussetzung, wonach „der Arbeitgeber sicherstellt, dass die Beihilfen zu Erholungszwecken verwendet werden." Der BFH lässt in diesem Zusammenhang Vermutungen des Arbeitgebers über die Mittelverwendung nicht genügen.[110] Vielmehr verlangt der BFH ein „Mindestmaß an Vergewisserung über den Verwendungszweck" durch den Arbeitgeber.[111] Die Entscheidung des BFH legt nahe, dass der Arbeitgeber sich von den Arbeitnehmern zumindest versichern lassen muss, dass die Geldbeträge zu Erholungszwecken verwendet worden sind.[112] Ausdrücklich lässt der BFH offen, ob es hierfür ausreicht, dass die Zahlungen in zeitlicher Nähe zur Urlaubszeit erfolgt sind.[113] Die Praxis der Finanzverwaltungen geht von einem derartigen zeitlichen Zusammenhang aus, wenn die Erholungsmaßnahme innerhalb von drei Monaten vor oder nach der Auszahlung beendet bzw. begonnen wurde.[114] Umgekehrt wird in der steuerrechtlichen Literatur die Auffassung vertreten, dass das Recht auf freie Entfaltung der Persönlichkeit den Nachweisanforderungen des Arbeitgebers enge Grenzen setze.[115]

Schließlich sind die Beträge, welche der Pauschalversteuerung von 25 % unterliegen, mit 156 € für den Arbeitnehmer und 104 € für dessen Ehegatte, also maximal 260 € für ein Ehepaar, und 52 € für jedes Kind pro Jahr doch relativ gering. Sie erreichen bei einem durchschnittlichen Bruttojahreseinkommen (44.436 €) bei einer Familie mit zwei Kindern nicht einmal die ungefähre Höhe des Gewerkschaftsbeitrags von 444 €.[116] Nach überwiegender Ansicht handelt es sich dabei um Höchstgrenzen, mit der Folge, dass die Erholungsbeihilfen nicht

---

110   BFH 19. 9. 2012 – VI R 55/11, DStR 2012, 2431 Rn. 17.

111   BFH 19. 9. 2012 – VI R 55/11, DStR 2012, 2431 Rn. 18.

112   BFH 19. 9. 2012 – VI R 55/11, DStR 2012, 2431 Rn. 18.

113   BFH 19. 9. 2012 – VI R 55/11, DStR 2012, 2431 Rn. 19.

114   Vgl. die Hinweise bei FG Köln 4. 6. 1996 – 7 K 4967/93, BeckRS 1996, 30841871; BFH 19. 9. 2012 – VI R 55/11, DStR 2012, 2431 Rn. 19; *Karbe-Geßler*, in *Kanzler/Kraft/Bäuml* (Hrsg.), EStG, 2. Aufl. 2017, § 40 Rn. 30; *Eisgruber*, in *Kirchhof* (Hrsg.), EStG-Kompaktkommentar, 16. Aufl. 2017, § 40 Rn. 22.

115   Vgl. *Wagner*, in *Herrmann/Heuer/Raupach* (Hrsg.), EStG/KStG, § 40 Rn. 39, Loseblatt, 268. Lieferung, März 2015; *Trzaskalik*, in *Kirchhof/Söhn/Mellinghoff* (Hrsg.), EStG, § 40 Anm. C 7, Loseblatt, 130. Lieferung, April 2003.

116   Siehe oben B. II. 2. b).

mehr pauschal versteuert werden können, wenn die entsprechenden Sätze überschritten wurden.[117]

Insgesamt zeigen diese Überlegungen, dass sich der Tatbestand des § 40 Abs. 2 S. 1 Nr. 3 EStG in seiner bisherigen Ausgestaltung nicht vollständig als Instrument zur steuerrechtlichen Flankierung einer tarifvertraglichen Differenzierungsklausel eignet.[118]

b)   Denkbare Weiterentwicklungen

aa)   Änderung von § 40 Abs. 2 S. 1 Nr. 3 EStG

Denkbar erscheint zunächst, im Rahmen von § 40 Abs. 2 S. 1 Nr. 3 EStG die dargestellten recht geringen der Pauschalversteuerung unterliegenden Höchstbeträge zu erhöhen. Dies rechtfertigt sich mit Blick auf die Genese der Vorschrift: Bereits die Vorgängervorschrift von § 40 Abs. 2 S. 1 Nr. 3 EStG, der im Jahr 1958 in Kraft gesetzte § 35a LStDV (Lohnsteuerdurchführungsverordnung) enthielt die Höchstbeträge von 300 DM für den Arbeitnehmer, 200 DM für den Ehegatten und 100 DM für ein Kind.[119] Im Zuge der Euro-Einführung wurden diese Beträge einfach in Euro umgerechnet. Sie wurden demnach noch nie erhöht und hatten in früheren Zeiten für die Arbeitnehmer eine pekuniär viel größere Bedeutung als heute.

Wie vorstehend dargelegt, erscheint es trotz der arbeitsrechtlichen Anerkennung durch das BAG[120] unsicher, ob § 40 Abs. 2 S. 1 Nr. 3 EStG in seiner bisherigen Fassung für die Gestaltung von tarifvertraglichen Differenzierungsklauseln nutzbar gemacht werden kann – insbesondere wegen des Erfordernisses, wonach der Arbeitgeber sicherstellen muss, dass die Geldzahlung zu Erholungszwecken verwendet wird.[121] Überlegenswert ist es daher, auf diese Vorausset-

---

117   Vgl. *Thürmer,* in *Blümich,* EStG, § 40 Rn. 101, Loseblatt, 130. Lieferung, 2017; *Eisgruber,* in *Kirchhof* (Hrsg.), EStG-Kompaktkommentar, 16. Aufl. 2017, § 40 Rn. 22; a. A. *Trzaskalik,* in *Kirchhof/Söhn/Mellinghoff* (Hrsg.), EStG, § 40 Anm. C 7, Loseblatt, 130. Lieferung, April 2003.

118   Weitergehend die Bewertung von *Löwisch/Rieble,* TVG, 4. Aufl. 2017, § 1 Rn. 1343: „rechtlich nicht haltbar"; ähnlich *Giesen,* Anmerkung zu BAG AP BGB § 242 Gleichbehandlung Nr. 220, unter 3.

119   Siehe *Blümich/Falk,* EStG, 10. Aufl. 1972, § 42a Anm. 3; siehe auch LSG Niedersachsen 7. 9. 1965 – L 4 Kr 26/61, BB 1966, 289.

120   BAG 21. 5. 2014 – 4 AZR 50/13, NZA 2015, 115.

121   Siehe soeben D. I. 2. a) bb).

zung gänzlich zu verzichten. Dies würde den bürokratischen Aufwand verringern. Die Finanzverwaltung versucht dem dadurch zu entkommen, dass sie bereits die zeitliche Nähe der Zahlung zur Urlaubszeit ausreichen lässt.[122] Akzeptiert man diese unbürokratische Praxis, ist die entsprechende Anforderung ohnehin gegenstandslos, da Urlaub zu jeder Jahreszeit genommen werden kann und alle sechs bis acht Wochen ohnehin Schulferien stattfinden; Zahlungen in diesem zeitlichen Zusammenhang sind demnach ohne weiteres gestaltbar. Vor diesem Hintergrund hat das Finanzgericht Köln die Vorschrift des § 40 Abs. 2 S. 1 Nr. 3 EStG bereits im Jahre 1996 „insbesondere im Hinblick auf das heute nahezu flächendeckend bezahlte ‚Urlaubsgeld'" als „eine *anachronistische Privilegierungsvorschrift für besonders Clevere"* bezeichnet[123]. Unter diesen Umständen würde sich aber auch die Mühe einer Gesetzesänderung nicht besonders lohnen.

bb)   Schaffung eines neuen Tatbestands für Sanierungsfälle

Weitergehend und in gewisser Weise ehrlicher wäre es allerdings, einen eigenständigen Tatbestand zu etablieren, welcher genau die Voraussetzungen aufnimmt, aufgrund derer § 40 Abs. 2 S. 1 Nr. 3 EStG für die steuerrechtliche Flankierung tarifvertraglicher Differenzierungsklauseln nutzbar gemacht wird. Man könnte daran anknüpfen, dass der Arbeitgeber die durch die Mitgliedschaft des Arbeitnehmers in einer Gewerkschaft bestehenden Belastungen durch Zahlung bis zu einem bestimmten Höchstbetrags mildern möchte und diesen Tatbestand der Pauschalversteuerung nach § 40 Abs. 2 EStG unterstellen. Damit könnte der vorstehend beschriebene Effekt gemildert werden, dass der Werbungskostenabzug für die Mitgliedsbeiträge von Gewerkschaften wegen des Arbeitnehmer-Pauschbetrags nach § 9a EStG häufig verpufft.[124]

Gegen die Einführung eines solchen Tatbestands könnte sprechen, dass es sich dabei um einen Fremdkörper im Rahmen von § 40 Abs. 2 EStG handeln würde. Der Tatbestand betrifft keine Sach- oder zweckgebundenen Geldleistungen des Arbeitgebers, wie dies den anderen Katalogtatbeständen des § 40 Abs. 2 S. 1 EStG zugrunde liegt. Andererseits deuten die einzelnen Katalogtatbestände nicht auf ein stimmiges System förderwürdiger Zwecke hin. Vielmehr wird § 40 Abs. 2 S. 1 EStG neuerdings mit Nr. 6 auch zur Förderung ökologischer Zwecke fruchtbar gemacht. Solche Zwecke haben mit dem Arbeitsverhältnis und dem betrieblichen Zusammenwirken aber nicht viel zu tun.

---

122   Vgl. den Hinweis bei BFH 19. 9. 2012 – VI R 55/11, DStR 2012, 2431 Rn. 19.
123   FG Köln 4. 6. 1996 – 7 K 4967/93, BeckRS 1996, 30841871.
124   Siehe oben D. I. 1. a).

Daher erscheint es keinesfalls systemwidrig, wenn man noch deutlicher an diejenigen Voraussetzungen anknüpfen würde, um die es in der Praxis im Zusammenhang mit der Vereinbarung von Differenzierungsklauseln in aller Regel geht: eine Kompensation für die Gewerkschaft und ihre Mitglieder zu schaffen für den Fall, dass diese einen Sanierungsbeitrag in Zusammenhang mit einer wirtschaftlichen Notlage des Unternehmens geleistet haben. Allerdings würde eine derartige steuer- und sozialversicherungsrechtliche Flankierung tarifvertraglicher Differenzierungsklauseln auch an den allgemeinen vorstehend skizzierten Nachteilen von Differenzierungsklauseln teilhaben.[125] Eine derartige Zwecksetzung wäre angesichts der disparaten von § 40 Abs. 2 EStG verfolgten Zwecke jedenfalls sachgerecht.

3. Steuerfreiheit von Zahlungen des Arbeitgebers an die Arbeitnehmer

a) Katalogtatbestände des § 3 EStG

Darüber hinaus kennt das EStG in § 3 EStG einen Katalog von derzeit 71 Nummern, in denen steuerfreie Einnahmen beschrieben werden. Hier sind auch zahlreiche Leistungen des Arbeitgebers zu finden, welche dieser den Arbeitnehmern gewährt. In aller Regel handelt es sich dabei um Leistungen, die zusätzlich zum eigentlich geschuldeten Arbeitsentgelt bezahlt werden – etwa Kindergartenzulage (§ 3 Nr. 33 EStG), Betreuungsangebote (§ 3 Nr. 34a EStG), Verbesserung der betrieblichen Gesundheitsförderung (§ 3 Nr. 34 EStG), Privatnutzung von betrieblichen Datenverarbeitungs- und Telekommunikationsgeräte (§ 3 Nr. 45 EStG) und von Ladestationen für Elektrofahrzeuge (§ 3 Nr. 46 EStG), Trinkgelder (§ 3 Nr. 51 EStG), Zuwendungen an Pensionskassen bzw. Sozialversicherungsträger (§ 3 Nr. 56, 62 und 63 EStG).

All diesen Tatbeständen liegt kein erkennbares System zugrunde.[126] Mit diesen Steuerfreiheitstatbeständen werden ganz unterschiedliche Zwecke verfolgt. Die Steuerrechtswissenschaft unterscheidet insoweit zwischen Fiskal-, Sozial- und

---

[125] Siehe oben B. II. 2. c).
[126] Ebenso die Bewertung von *Nacke*, in *Kanzler/Kraft/Bäuml* (Hrsg.), EStG-Kommentar, 2. Aufl. 2017, § 3 Rn. 1: „Sammelsurium von Befreiungstatbeständen, das keine innere Ordnung aufweist"; *von Beckerath*, in *Kirchhof* (Hrsg.), EStG-Kompaktkommentar, 16. Aufl. 2017, § 3 Rn. 1 f.

Vereinfachungszwecknormen.[127] Dabei dienen die Fiskalzwecknormen fiskalischen Zwecken, während Sozialzwecknormen Lenkungswirkung zukommt, die sozialpolitisch, kulturpolitisch, gesundheitspolitisch, familienpolitisch oder berufspolitisch motiviert sein können.[128] Vereinfachungszwecknormen diesen der Erleichterung der Rechtsanwendung. Bei den vorstehend skizzierten Tatbeständen handelt es sich in aller Regel um Sozialzwecknormen.

Manche der beschriebenen Zulagen sollen die Vereinbarkeit von Familie und Beruf fördern, wie etwa § 3 Nr. 33 EStG und § 3 Nr. 34a EStG, oder Anreize setzen, die Altersversorgung der Arbeitnehmer (§ 3 Nr. 56, 62 und 63 EStG) oder deren gesundheitliche Situation (§ 3 Nr. 34 EStG) zu verbessern. Andere Sachleistungen dienen ökologischen Zwecken und haben mit dem engeren betrieblichen Umfeld recht wenig zu tun wie etwa § 3 Nr. 46 EStG. Hintergrund der Regelungen dürfte sein, dass man solche Zusatzleistungen des Arbeitgebers nicht mit einem dann bereits relativ hohen Grenzsteuersatz belasten möchte, der beim Arbeitnehmer den Eindruck erweckt, die Zusatzleistung komme gar nicht wirklich bei ihm an. Vielfach stehen den Leistungen des Arbeitgebers auch Aufwendungen des Arbeitnehmers gegenüber, die tatsächlich anfallen, wie etwa bei der Kindergartenzulage nach § 3 Nr. 33 EStG die jeweiligen Kosten für den Kindergartenplatz.

b)   Steuerfreiheit von Zuschlägen für Sonntags-, Feiertags- und Nachtarbeit nach § 3b EStG

Arbeitsentgelt im engeren Sinne befindet sich nicht unter den einzelnen Katalogtatbeständen des § 3 EStG. Anders ist dies bei der Steuerfreiheit von Zuschlägen für Sonntags-, Feiertags- und Nachtarbeit nach Maßgabe von § 3b EStG. Diese Steuerfreiheit wird rechtspolitisch teilweise als verfehlt bezeichnet.[129] Sie wurde 1940 eingeführt, um zusätzliche Arbeitskraft für die Kriegs-

---

[127]   *Nacke*, in *Kanzler/Kraft/Bäuml* (Hrsg.), EStG-Kommentar, 2. Aufl. 2017, § 3 Rn. 3; *Bergkempter*, in *Herrmann/Heuer/Raupach* (Hrsg.), EStG/KStG, § 3 Rn. 7, Loseblatt, 261. Lieferung, Januar 2014.

[128]   *Nacke*, in *Kanzler/Kraft/Bäuml* (Hrsg.), EStG-Kommentar, 2. Aufl. 2017, § 3 Rn. 3.

[129]   Vgl. *Tipke*, FR 2006, 949, 951 ff.; *von Beckerath*, in *Kirchhof* (Hrsg.), EStG-Kompaktkommentar, 16. Aufl. 2017, § 3b Rn. 2; *von Beckerath*, in *Kirchhof/Söhn/Mellinghoff* (Hrsg.), EStG-Kommentar, § 3b Anm. A 171 f., Loseblatt, 280. Aktualisierung, Juni 2017; ebenso der Bericht der Bundesregierung über die Entwicklung der Finanzhilfen des Bundes und der Steuerbegünstigungen für die Jahre 1966 bis 1968 gemäß § 12 Stabilitätsgesetz, BT-Drucksache 5/2423 vom 21. 12. 1967, S. 57: „steuersystematisch kaum zu rechtfertigende und einseitige Begünstigung be-

wirtschaft zu mobilisieren.[130] Vor diesem Hintergrund verwundert es nicht, dass der Zweck der Steuerfreiheit nach 1945 unter der Geltung des Grundgesetzes nicht einheitlich bestimmt wird.[131] Der BFH begründet die Vorschriften in erster Linie mit sozialpolitischen Überlegungen.[132] Dem Arbeitnehmer soll ein finanzieller Ausgleich für die mit Sonntags-, Feiertags- und Nachtarbeit verbundenen besonderen Belastungen gewährt werden.[133] Das BVerfG hat diese Zwecksetzung in seiner Entscheidung über die Verfassungswidrigkeit der Steuerfreiheit von Zuschlägen für Sonntags-, Feiertags- und Nachtarbeit akzeptiert und lediglich beanstandet, dass diese Zwecke auch für auf anderer Rechtsgrundlage bezahlten Zuschläge gleichermaßen gelten.[134] Vereinzelt wird die Steuerbefreiung auch als Lohnsubvention für Arbeitgeber und Arbeitnehmer angesehen.[135] In verschiedenen Gesetzgebungsverfahren wurde die Regelung mit nicht näher spezifizierten wirtschafts- und arbeitsmarktpolitischen Erwägungen[136] und auch damit begründet, dass Sonntags-, Feiertags- und Nachtarbeit vielfach unvermeidbar sei und daher im Allgemeininteresse erbracht werde.[137]

---

stimmter Gruppen"; in späteren Berichten taucht diese Kritik nicht mehr auf, siehe etwa Zehnter Subventionsbericht der Bundesregierung für die Jahre 1983 bis 1986 vom 12. 9. 1985, BT-Drucksache 10/3821, S. 247.

[130] Näher *Tipke*, FR 2006, 949, 950.

[131] Übersicht bei *Tipke*, FR 2006, 949, 950 f.; *Kanzler*, in *Herrmann/Heuer/Raupach* (Hrsg.), EStG/KStG, § 3b Rn. 4, Loseblatt, 259. Lieferung, September 2013.

[132] BFH 27. 5. 2009 – VI B 69/08, BStBl. 2009 II 730; BFH 26. 10. 1984 – VI R 199/80, BStBl. 1985 II 57; ebenso der Bericht der Bundesregierung über die Entwicklung der Finanzhilfen des Bundes und der Steuerbegünstigungen für die Jahre 1966 bis 1968 gemäß § 12 Stabilitätsgesetz vom 21. 12. 1967, BT-Drucksache 5/2423, S. 57; Zehnter Subventionsbericht der Bundesregierung für die Jahre 1983 bis 1986 vom 12. 9. 1985, BT-Drucksache 10/3821, S. 247.

[133] BFH 27. 5. 2009 – VI B 69/08, BStBl. 2009 II 730; BFH 26. 10. 1984 – VI R 199/80, BStBl. 1985 II 57.

[134] BVerfG 15. 1. 1969 – 1 BvR 723/65, BVerfGE 25, 101 Rn. 17 ff.; siehe dazu noch unten D. III. 2. a).

[135] BFH 17. 6. 2010 – VI R 50/09, BStBl. 2011 II 43.

[136] BT-Drucksache 7/419, S. 16; ebenso der Bericht der Bundesregierung über die Entwicklung der Finanzhilfen des Bundes und der Steuerbegünstigungen für die Jahre 1966 bis 1968 gemäß § 12 Stabilitätsgesetz vom 21. 12. 1967, BT-Drucksache 5/2423, S. 57; Zehnter Subventionsbericht der Bundesregierung für die Jahre 1983 bis 1986 vom 12. 9. 1985, BT-Drucksache 10/3821, S. 247.

[137] BT-Drucksache 11/2157, S. 138.

4. Fazit

Die Bestandsaufnahme zeigt Folgendes: Leistungen des Arbeitgebers an Arbeitnehmer können in vielerlei Hinsicht steuerbegünstigt sein – zum einen im Rahmen der Pauschalversteuerung nach § 40 EStG, zum anderen als völlig steuerbefreiter Tatbestand im Rahmen von § 3 EStG. In aller Regel – aber nicht immer – handelt es sich dabei um Zusatzleistungen des Arbeitgebers zum Arbeitsentgelt. Am wenigsten weit wirkt die Einordnung von Mitgliedsbeiträgen zu einer Gewerkschaft als Werbungskosten nach § 9 Abs. 1 S. 3 Nr. 3 EStG, insbesondere wegen der Einbeziehung in den Arbeitnehmer-Pauschbetrag nach § 9a EStG.

Ein geringstmöglicher Eingriff in das geltende Recht würde den zuletzt genannten Aspekt aufgreifen und den Werbungskostenabzug von Mitgliedsbeiträgen für eine Gewerkschaft von dem Arbeitnehmer-Pauschbetrag nach § 9a S. 1 Nr. 1a EStG ausnehmen.[138] Dies führt lediglich dazu, dass der einzelne Arbeitnehmer die Aufwendung des Gewerkschaftsbeitrags vollständig im Rahmen seines individuellen Steuersatzes von der Bemessungsgrundlage abziehen kann. Es wird also lediglich eine tatsächliche Belastung ausgeglichen, der andere vergleichbare Arbeitnehmer, die keiner Gewerkschaft angehören, nicht ausgesetzt sind. Darüber hinaus erscheint es denkbar, mit dem Instrument der Pauschalversteuerung nach § 40 Abs. 2 EStG die Vereinbarung von Differenzierungsklauseln in Tarifverträgen steuer- und sozialversicherungsrechtlich zu flankieren.[139]

Am weitesten geht die Überlegung, nach dem Vorbild der §§ 3, 3b EStG echte Steuerfreiheitstatbestände von Teilen des Arbeitsentgelts zu schaffen, um hierdurch die Mitgliedschaft der betreffenden Personen in den Verbänden zu fördern. Diese Variante soll im Folgenden näher untersucht werden.

II. Privilegierung lediglich der Mitgliedschaft in einer Gewerkschaft

1. Denkbare rechtliche Ausgestaltung

Zunächst ist denkbar, die Steuerprivilegierung lediglich an die Mitgliedschaft in einer Gewerkschaft anzuknüpfen. Man könnte § 3 EStG um eine weitere Num-

---

[138] Gesetzesvorschlag mit Begründung siehe unten F. I.
[139] Gesetzesvorschlag mit Begründung siehe unten F. II.

mer ergänzen, nach welcher Arbeitsentgelt von Gewerkschaftsmitgliedern bis zu einem Betrag X pro Jahr steuerfrei ist.

Nach den vorstehend herausgearbeiteten Erkenntnissen muss die Regelung strukturell so ausgestaltet werden, dass der Arbeitgeber nichts von dem Umstand der Gewerkschaftsmitgliedschaft bei ihm beschäftigter Arbeitnehmer erfährt – und zwar unabhängig davon, ob einzelne Arbeitnehmer damit einverstanden sein sollten.[140] Aus diesem Grund kommt die Berücksichtigung der Steuerprivilegierung bereits im Lohnsteuerabzugsverfahren nicht in Betracht. Eine gesetzliche Regelung müsste daher die Steuerfreiheit eines Teils des Arbeitsentgelts bei Gewerkschaftsmitgliedern bereits materiell an die Abgabe einer Einkommensteuererklärung des Arbeitnehmers anknüpfen. Die partielle Steuerfreiheit des Arbeitsentgelts entstünde dann also erst mit Vorliegen dieser Voraussetzung.[141]

2. Zulässigkeit

a) Steuerliche Leistungsfähigkeit als Ausfluss des Gleichheitssatzes (Art. 3 Abs. 1 GG)

aa) Zulässigkeit dem Grunde nach

Die rechtliche Zulässigkeit einer solchen Steuererleichterung muss man zunächst unter dem Aspekt der Gleichbehandlung aufgrund steuerlicher Leistungsfähigkeit diskutieren.[142] Das BVerfG sieht die Ausrichtung an finanzieller Leistungsfähigkeit und damit Lastengleichheit als Folge des Gleichheitssatzes an.[143] Man kann argumentieren, dass bei ansonsten gleicher Lage ein Gewerkschaftsmitglied gegenüber einem Nichtmitglied bevorzugt wird und daher zwei an sich steuerlich gleich leistungsfähige Personen unterschiedlich behandelt werden.

---

[140] Siehe oben B. II. 2. c) aa).
[141] Siehe zu einem Gesetzesvorschlag mit Begründung unten F. III.
[142] Vgl. *Nacke*, in *Kanzler/Kraft/Bäuml* (Hrsg.), EStG-Kommentar, 2. Aufl. 2017, § 3 Rn. 4.
[143] Siehe nur *Kischel*, in *Epping/Hillgruber* (Hrsg.), BeckOK-Grundgesetz Art. 3 GG Rn. 147 (Stand: 1. 6. 2017).

Allerdings hat das BVerfG Lenkungs- und Subventionszwecke einer Steuer stets anerkannt.[144] Das BVerfG räumt dem Gesetzgeber insoweit einen weiten Gestaltungsspielraum ein: „Will der Gesetzgeber eine bestimmte Steuerquelle erschließen, andere hingegen nicht, ist der allgemeine Gleichheitssatz grundsätzlich so lange nicht verletzt, als sich die Verschiedenbehandlung mit finanzpolitischen, volkswirtschaftlichen, sozialpolitischen oder steuertechnischen Erwägungen rechtfertigen lässt."[145] Dasselbe gilt, wenn der Gesetzgeber ein bestimmtes Verhalten der Bürger fördern will, das er unter anderem aus gesellschaftspolitischen Gründen für wünschenswert hält.[146] Der Gesetzgeber überschreitet aber dann die verfassungsrechtlichen Grenzen seiner Gestaltungsfreiheit, wenn er eine Gruppe von Normadressaten im Vergleich zu anderen Normadressaten anders behandelt, obgleich zwischen den beiden Gruppen keine Unterschiede von solcher Art und solchem Gewicht bestehen, dass sie die ungleiche Behandlung rechtfertigen könnten.[147]

Für eine solche steuerliche Förderung der Mitgliedschaft in Gewerkschaften sprechen folgende Gesichtspunkte: Der Gesetzgeber konstatiert die zurückgehende Tarifbindung und den Bedeutungsverlust der Tarifautonomie für die Gestaltung der Arbeitsbedingungen. Der Schutz und die Förderung der Tarifautonomie wiederum ist ein überragender Gemeinwohlbelang. Die Tarifautonomie ist in erster Linie mitgliedschaftsbezogen; ihre Stärke speist sich aus der Stärke der Verbände, insbesondere der Gewerkschaften.[148] Der Gesetzgeber fördert daher einen wichtigen Gemeinwohlbelang, wenn er die Mitgliedschaft in einer Gewerkschaft fördert. Dies kann auch durch wirtschaftliche Anreize geschehen, wie etwa steuerliche Anreize. Zwar fördert der Gesetzgeber hierdurch nicht unmittelbar die Tarifbindung von Arbeitsverhältnissen. Denn diese hängt in erster Linie von der Entscheidung des Arbeitgebers ab, den Tarifver-

---

[144] *Kischel*, in *Epping/Hillgruber* (Hrsg.), BeckOK-Grundgesetz Art. 3 GG Rn. 158 (Stand: 1. 6. 2017); ausführlich *Trzaskalik*, Gutachten E zum 63. Deutschen Juristentag 2000, E 65 ff.

[145] BVerfG 29. 11. 1989 – 1 BvR 1402/87, NJW 1990, 2053; BVerfG 12. 10. 1978 – 2 BvR 154/74, BVerfGE 49, 343, 360; BVerfG 13. 3. 1979 – 2 BvR 72/76, BVerfGE 50, 386, 392; BVerfG 6. 12. 1983 – 2 BvR 1275/79, BVerfGE 65, 325, 354; BVerfG 27. 6. 1991 – 2 BvR 1493, BVerfGE 84, 239, 274; BVerfG 11. 2. 1992 – 1 BvL 29/87, BVerfGE 85, 238, 244; BVerfG 20. 4. 2004 – 1 BvR 905/00, BVerfGE 110, 274, 299.

[146] BVerfG 20. 4. 2004 – 1 BvR 905/00, BVerfGE 110, 274, 299.

[147] BVerfG 11. 2. 1992 – 1 BvL 29/87, BVerfGE 85, 238, 244.

[148] Siehe bereits oben B. I. 4.; s. a. *Waltermann*, Differenzierungsklauseln im Tarifvertrag in der auf Mitgliedschaft aufbauenden Tarifautonomie, 2016, S. 17 f.

trag anzuwenden.[149] Der Gesetzgeber kann allerdings darauf vertrauen, dass Gewerkschaften mit starker Mitgliederbasis sich gegenüber der Arbeitgeberseite besser Gehör verschaffen können und dadurch die Tarifbindung mittelbar in weiteren Schritten gesteigert wird. Die Gruppe derjenigen Arbeitnehmer, die keiner Gewerkschaft angehören, werden hierdurch nicht sachwidrig benachteiligt, wenn und soweit der steuerliche Anreiz, einer Gewerkschaft beizutreten, im Wesentlichen die hierdurch erzeugten Belastungen ausgleicht.

bb) Höhe der Steuerprivilegierung

Grenzen unter diesem Gesichtspunkt können vor dem Hintergrund der vorstehenden Überlegungen weniger aus dem „Ob" einer Steuerbefreiung, sondern aus dem „Wie" bzw. „Wieviel" ergeben. Je höher der Betrag der Steuerbefreiung insoweit ist, desto größer sind die Anforderungen an eine verfassungsrechtliche Rechtfertigung.

Als Größenordnung dürfte es sich anbieten, sich am durchschnittlichen Beitrag für die Mitgliedschaft in einer Gewerkschaft bei durchschnittlichem Einkommen zu orientieren und dies mit einem Faktor x zu multiplizieren. Je höher der Faktor, desto bedenklicher wäre die Regelung. Ein Faktor 1 wäre noch völlig unproblematisch, weil dies ja nur den Umstand kompensiert, dass bei vielen Arbeitnehmern der Werbungskostenabzug hinsichtlich des Gewerkschaftsbeitrags wegen des Arbeitnehmer-Pauschbetrags nach § 9a S. 1 Nr. 1a EStG entfällt.[150] Wegen § 3c Abs. 1 EStG wäre ein Werbungskostenabzug insoweit auch nicht mehr möglich, wenn man dem diskutierten Vorschlag näher tritt.

Im Zusammenhang mit tarifvertraglichen Differenzierungsklauseln wird als unproblematisch ein geldwerter Vorteil für Gewerkschaftsmitglieder in Höhe des doppelten Gewerkschaftsbeitrags genannt.[151] Dies würde einem Faktor 2 entsprechen. Allerdings muss man berücksichtigen, dass die konkrete Steuerersparnis für den Arbeitnehmer ohnehin nur in der Höhe des auf diesen Betrag bezogenen individuellen Durchschnittssteuersatzes des jeweiligen Arbeitnehmers liegt und somit ohnehin geringer wäre als der doppelte Gewerkschaftsbeitrag. Es kommt hinzu, dass die Rechtsprechung in Einzelfällen auch höhere arbeitgeberseitige Leistungen aus tarifvertraglichen Differenzierungsklauseln

---

[149] Siehe oben B. II. 1.
[150] Siehe oben D. I. 1. a).
[151] Siehe oben B. II. 2. b).

für zulässig gehalten hat.[152] Daher erscheint es durchaus vertretbar, höhere Faktoren, etwa 3 oder 4 in Betracht zu ziehen. Ein Faktor 3 führt zu einem jährlichen Freibetrag von 1332 € und ein Faktor 4 zu einem Freibetrag von 1776 €.[153] Hopfner hatte in seinem Diskussionsbeitrag auf dem Juristentag 2014 in Hannover[154] den Betrag von 1000 € in die Diskussion eingebracht.[155] Diese Freibeträge halten sich noch im Rahmen dessen, was einzelne Katalogtatbestände des § 3 EStG bereits bislang ausweisen und erscheinen daher noch sach- und systemgerecht.

b) Negative Koalitionsfreiheit (Art. 9 Abs. 3 GG)

Die negative Koalitionsfreiheit wird in der Rechtsprechung des BAG[156] und BVerfG[157] und auch inzwischen in der Literatur[158] überwiegend als Fernbleiberecht von einer Koalition verstanden. Von gesetzlichen Regelungen darf also kein Zwang oder unzumutbarer Druck zum Beitritt in eine Koalition ausgehen. Davon unberührt bleiben Anreize, welche unterhalb dieser Schwelle bleiben. Hier wird man diejenigen Grenzen übertragen können, welche für die Zulässigkeit von tarifvertraglichen Differenzierungsklauseln bezüglich der Höhe des wirtschaftlichen Vorteils entwickelt wurden.[159] Bleibt man innerhalb dieser Vorgaben, ist die negative Koalitionsfreiheit der nicht- bzw. andersorganisierten Arbeitnehmer nicht verletzt.

---

[152]   Siehe oben B. II. 2. b).
[153]   Das durchschnittliche Jahresbruttoeinkommen – berechnet hier auf der Grundlage des 12fachen Durchschnittsmonatseinkommens in Höhe von 3703 € – betrug im Jahr 2016 44.436 € (näher siehe oben D. I. 1. a]), die Höhe des Gewerkschaftsbeitrags von 1 % entspricht 444 €.
[154]   Siehe oben C.
[155]   *Hopfner*, Diskussionsbeitrag, Verhandlungen des 70. Deutschen Juristentag Hannover 2014, Band II/2, K 163.
[156]   BAG 29. 7. 2009 – 7 ABR 27/08, NZA 2009, 1424 Rn. 18.
[157]   BVerfG 11. 7. 2017 – 1 BvR 1571/15, NZA 2017, 915 Rn. 130; BVerfG 11. 7. 2006 – 1 BvL 4/00, NZA 2007, 42 Rn. 66.
[158]   Siehe nur *Linsenmaier*, in Erfurter Kommentar zum Arbeitsrecht, 18. Aufl. 2018, Art. 9 GG Rn. 32 mit weiteren Nachweisen; a. A. *Hartmann*, Negative Tarifvertragsfreiheit im deutschen und europäischen Arbeitsrecht, 2014, S. 212 ff.
[159]   Siehe oben B. II. 2. b).

c) Unabhängigkeit der Gewerkschaft als Voraussetzung für die Eigenschaft einer Koalition im Sinne von Art. 9 Abs. 3 GG

Koalitionen im Sinne von Art. 9 Abs. 3 GG müssen unabhängig sein vom sozialen Gegenspieler, Staat, Kirchen, Parteien und sonstigen gesellschaftlichen Gruppierungen[160]. Das BVerfG betont in ständiger Rechtsprechung, dass Art. 9 Abs. 3 GG den Koalitionen die Freiheit des Zusammenschlusses zu Vereinigungen zur Förderung der Arbeits- und Wirtschaftsbedingungen und die Freiheit der gemeinsamen Verfolgung dieses Zwecks gewährleistet;[161] über beides sollen die Beteiligten selbst und eigenverantwortlich, grundsätzlich frei von staatlicher Einflussnahme bestimmen.[162] So wäre die Unabhängigkeit der entsprechenden Koalition vom Staat nicht mehr gewährleistet, wenn diese in erheblichem Maße staatliche Mittel erhalten würde. Nach der Rechtsprechung des BAG fehlt es an der erforderlichen Unabhängigkeit einer Arbeitnehmervereinigung, wenn deren eigenständige Interessenwahrnehmung durch wesentliche finanzielle Zuwendungen ernsthaft gefährdet ist.[163] Dies ist insbesondere dann der Fall, wenn sich eine Gewerkschaft nicht aus den Beiträgen der Mitglieder, sondern aus Zuwendungen Dritter finanziert.[164] In solchen Fällen besteht die Gefahr, dass Entscheidungen der Koalition Rücksicht auf die Erwartungshaltung der über die Leistung entscheidenden staatlichen Stellen nehmen.[165] Für die Beurteilung der Unabhängigkeit einer Koalition kommt es also entscheidend darauf an, ob die Zuwendung geeignet ist, die innere Willensbildung der Koalition zu beeinflussen. Weitergehen dürften die von *Rieble* aufgestellten Anforderungen:[166] Er hält „jede finanzielle Abhängigkeit der Koalition vom Staat" für unzulässig und

---

[160] Siehe nur *Hergenröder*, in *Henssler/Willemsen/Kalb* (Hrsg.), Arbeitsrecht-Kommentar, 8. Aufl. 2018, Art. 9 GG Rn. 46; speziell zur Unabhängigkeit vom Staat: *Oetker*, in *Wiedemann* (Hrsg.), TVG, 7. Aufl. 2007, § 2 Rn. 330 mit weiteren Nachweisen.

[161] BVerfG 18. 11. 1954 – 1 BvR 629/52, BVerfGE 4, 96, 106; BVerfG 19. 2. 1975 – 1 BvR 418/71, BVerfGE 38, 386, 393.

[162] BVerfG 1. 3. 1979 – 1 BvR 532/77, BVerfGE 50, 290, 367; BVerfG 11. 7. 2017 – 1 BvR 1571/15, NZA 2017, 915 Rn. 130.

[163] BAG 20. 4. 1999 – 3 AZR 352/97, AP TVG § 1 Tarifverträge: Rundfunk Nr. 28; BAG 14. 12. 2004 – 1 ABR 51/03, AP TVG § 2 Tariffähigkeit Nr. 1.

[164] BAG 14. 12. 2004 – 1 ABR 51/03, AP TVG § 2 Tariffähigkeit Nr. 1, unter B. III. 2. d) aa); ähnlich *Oetker*, in *Wiedemann* (Hrsg.), TVG, 7. Aufl. 2007, § 2 Rn. 336: Abhängigkeit sei zu bejahen, wenn „der Personenzusammenschluss über keine eigenen Mittel verfügt", sondern diese ausschließlich von anderen Institutionen erhalte.

[165] Vgl. *Löwisch/Rieble*, TVG, 4. Aufl. 2017, § 2 Rn. 104.

[166] *Rieble*, Arbeitsmarkt und Wettbewerb, 1996, Rn. 1881 ff.

leitet aus dem rechtlichen Erfordernis der Unabhängigkeit der Koalition vom Staat ohne nähere Begründung ein „ungeschriebenes Beihilfeverbot" ab.[167]

Die partielle Steuerfreiheit von Arbeitsentgelt für Gewerkschaftsmitglieder finanziert die Koalitionen nicht unmittelbar. Sie soll lediglich Anreize setzen, der Gewerkschaft beizutreten. Eine mittelbare Staatsfinanzierung ist hierdurch aber nicht von vornherein ausgeschlossen.[168] Letztlich sind steuerreduzierende Tatbestände und Subventionen austauschbare Gestaltungen. Für den vorliegenden Zusammenhang ist allerdings zu beachten, dass der steuerreduzierende Tatbestand vom Verhalten eines Dritten – nämlich des Arbeitnehmers und dessen Beitritt oder Verbleiben in der Organisation der nur mittelbar begünstigten Gewerkschaft – abhängt und nicht direkt von der zu unterstützenden Einrichtung. Außerdem ist Begünstigter der Steuerprivilegierung nicht die Koalition selbst, sondern der der Gewerkschaft angehörende Arbeitnehmer. Indirekt würden der Koalition aber gleichwohl Mittel in Form steigender Mitgliedsbeiträge zufließen, welche die Gewerkschaft dem steuerreduzierenden Tatbestand verdankt: Die von der Steuerprivilegierung ausgehende Anreizwirkung zum Gewerkschaftsbeitritt erhöht im besten Fall die Mitgliederzahl und dadurch auch die finanzielle Ausstattung der Koalition. Dies aber würde die Koalition abhängiger machen von genau dieser staatlichen Steuergesetzgebung.

Insgesamt birgt dieser Aspekt nach meiner Einschätzung gewisse rechtliche Risiken. Daher ist eine Anknüpfung des Steuerprivilegierungstatbestands nur an die Gewerkschaftsmitgliedschaft im Ergebnis nicht empfehlenswert, insbesondere dann, wenn es naheliegende Alternativen gibt, nämlich die Anknüpfung an das Tatbestandsmerkmal „tarifgebundenes Arbeitsentgelt".[169]

d) Neutralitätspflicht des Staates (Art. 9 Abs. 3 GG)

Ein weiteres Argument gegen die Anknüpfung allein an die Gewerkschaftsmitgliedschaft des Arbeitnehmers bei entsprechenden Steuerbefreiungstatbeständen ist das Argument der Neutralität des Staats. Dieses Neutralitätsargument ist im Arbeitsrecht vor allem geläufig im Arbeitskampfrecht.[170] Die Rechtsord-

---

[167]   *Rieble*, Arbeitsmarkt und Wettbewerb, 1996, Rn. 1881.
[168]   Vgl. *Giesen*, Diskussionsbeitrag, Verhandlungen des 70. Deutschen Juristentag Hannover 2014, Band II/2, K 166.
[169]   Siehe dazu D. III.
[170]   Grundlegend *Seiter*, Staatsneutralität im Arbeitskampf, 1987, vor allem mit Blick auf das Neutralitätsgesetz vom 15. 5. 1986 (BGBl. I S. 740) und die Neufassung von § 116 AFG (jetzt § 160 SGB III).

nung und alle staatlichen Organe müssen sich im Arbeitskampf darauf beschränken, einen Regelungsrahmen zur Verfügung zu stellen. Sie dürfen aber nicht die bestehenden Kräfteverhältnisse der sozialen Gegenspieler beeinflussen, sondern müssen diese gewissermaßen respektieren.[171] Diese Neutralitätspflicht bedeutet allerdings weder Indifferenz noch absolutes Regelungsverbot, sondern begründet vielmehr die staatliche Pflicht zur Zurückhaltung. Neutralität ist daher nicht mit staatlicher Passivität zu verwechseln; der Staat ist dort zum aktiven Handeln berechtigt, wo er die Funktionsfähigkeit des Koalitionsverfahrens bedroht sieht.[172]

Das BVerfG verortet die Neutralitätspflicht des Staates normativ in Art. 9 Abs. 3 GG.[173] In dem Urteil über das Neutralitätsgesetz aus dem Jahr 1986 zur Änderung von § 116 AFG (jetzt § 160 SGB III) führte das BVerfG aus:

„Das Grundrecht der Koalitionsfreiheit bedarf der Ausgestaltung durch die Rechtsordnung, soweit es die Beziehungen zwischen Trägern widerstreitender Interessen zum Gegenstand hat. Beide Tarifvertragsparteien genießen den Schutz des Art. 9 Abs. 3 GG in gleicher Weise, stehen bei seiner Ausübung aber in Gegnerschaft zueinander. Sie sind auch insoweit vor staatlicher Einflußnahme geschützt, als sie zum Austragen ihrer Interessengegensätze Kampfmittel mit beträchtlichen Auswirkungen auf den Gegner und die Allgemeinheit einsetzten. Dieser Schutz erfordert koordinierende Regelungen, die gewährleisten, dass die aufeinander bezogenen Grundrechtspositionen trotz ihres Gegensatzes nebeneinander bestehen können."[174]

Das BVerfG billigt dem Gesetzgeber bei der Ausgestaltung einen weiten Handlungsspielraum zu, der seine Grenzen wiederum im objektiven Gehalt des Art. 9 Abs. 3 GG und insbesondere in der Funktionsfähigkeit der Tarifautono-

---

[171]   Vgl. *Hergenröder*, in *Henssler/Willemsen/Kalb* (Hrsg.), Arbeitsrecht-Kommentar, 8. Aufl. 2018, Art. 9 GG Rn. 173; *Kissel*, Arbeitskampfrecht, 2002, § 34 I, S. 448.

[172]   Vgl. *Scholz*, in *Maunz/Dürig*, GG-Kommentar, Art. 9 Rn. 283 f., Loseblatt, 78. Lieferung September 2016.

[173]   BVerfG 4. 7. 1995 – 1 BvF 2/86, AP AFG § 116 Nr. 4, unter C. I. 1. c); ebenso *Kissel*, Arbeitskampfrecht, 2002, § 34 I, S. 448.

[174]   BVerfG 4. 7. 1995 – 1 BvF 2/86, AP AFG § 116 Nr. 4, unter C. I. 1. b); zu diesem Urteil aus neuerer Zeit *Kocher/Kädtler/Voskamp/Krüger*, Noch verfassungsgemäß? Fernwirkungen bei Arbeitskämpfen in der Automobilindustrie und die Verfassungsmäßigkeit des § 160 SGB III, 2017, S. 24 ff.

mie findet:[175] „Funktionsfähig ist die Tarifautonomie nur, solange zwischen den Tarifvertragsparteien ein ungefähres Kräftegleichgewicht – Parität – besteht."[176]

Die hier zu diskutierende Steuerprivilegierung der Gewerkschaftsmitgliedschaft stellt nun zwar keine Regelung des Arbeitskampfs dar. Sie ist aber durchaus geeignet, die Parität zwischen Arbeitgeber- und Arbeitnehmerseite insoweit zu verändern. Der Staat verzichtet mittelbar auf Steuereinnahmen, um die Mitgliedschaft in einer Gewerkschaft attraktiv zu machen. Damit stärkt er bewusst und gewollt die Mitgliederbasis der Gewerkschaften und damit auch deren Fähigkeit, im Arbeitskampf erfolgreich zu sein. Eine solche Regelung ist nach den vorstehend skizzierten Maßstäben des BVerfG gerechtfertigt, wenn sie die Funktionsfähigkeit der Tarifautonomie in verhältnismäßiger Weise fördert. Vorliegend kann man bereits zweifeln, ob die Anknüpfung des steuerprivilegierenden Tatbestands an die Gewerkschaftsmitgliedschaft überhaupt zur Förderung ihres Zwecks geeignet ist. Der Zweck der Maßnahme ist die Förderung der Tarifbindung, indem die Rechtsordnung Anreize zum Verbandsbeitritt setzt.[177] Die Anknüpfung an die Gewerkschaftsmitgliedschaft ist hierfür allein aber nicht ausreichend, weil über die Tarifbindung als solche zunächst der Arbeitgeber entscheidet[178] und der Organisationsgrad der Gewerkschaft diese Entscheidung allenfalls mittelbar zu beeinflussen vermag.[179]

Unter dem rechtlichen Aspekt der Neutralität des Staates im Rahmen von Art. 9 Abs. 3 GG bestehen somit doch nicht unerhebliche Bedenken gegen die Anknüpfung der partiellen Steuerprivilegierung allein an den Umstand der Gewerkschaftsmitgliedschaft. Es erscheint daher sachgerechter, dasjenige Aufgreifkriterium zu wählen, welches der Gesetzgeber direkt fördern sollte, und das ist genau die Anknüpfung an das Tatbestandsmerkmal „tarifgebundenes Arbeitsentgelt".

e) Weitere rechtliche Aspekte: Gleichbehandlung der Arbeitgeberseite und Symmetrie

Mit dem Argument der Neutralität des Staates verbunden ist das Argument der Gleichbehandlung mit entsprechenden Belastungen auf der Arbeitgeberseite. Man könnte einwenden, der Steuerstaat benachteilige durch die Begünstigung

---

175 BVerfG 4. 7. 1995 – 1 BvF 2/86, AP AFG § 116 Nr. 4, unter C. I. 1. b) und c).
176 BVerfG 4. 7. 1995 – 1 BvF 2/86, AP AFG § 116 Nr. 4, unter C. I. 1. c).
177 Siehe oben A. III. 1. und C.
178 Siehe oben B. II. 1.
179 Siehe oben B. I. 4.

der Gewerkschaftsmitgliedschaft einseitig die Arbeitgeberseite. Bei dieser kann nämlich ein vergleichbares Bedürfnis zur steuerrechtlichen Privilegierung der Gewinne von nach § 3 Abs. 1 TVG tarifgebundenen Arbeitgebern bestehen. Diese Ungleichbehandlung müsste nach Art. 3 Abs. 1 GG gerechtfertigt werden. Vor dem Hintergrund der vorstehend skizzierten Argumente fällt es nicht leicht, einen sachlichen Grund für diese Differenzierung zu finden, da mit der Anknüpfung an das „tarifgebundene Arbeitsentgelt" eine naheliegende Alternative existiert.

Ferner kann man auf eine Art „Symmetrieargument" verweisen: Wenn der Gesetzgeber die Mitgliedschaft in einer Gewerkschaft privilegiert, müsse er dies in formal gleicher Weise auch zugunsten der Arbeitgeberseite tun. Dieses Argument knüpft an formale Gleichheit an; es hat keinen genuinen materialen Gehalt und bedarf stets der Anreicherung mit inhaltlichen Aspekten.[180] Insoweit dürfte dieses Argument nicht weiter führen als die bereits behandelten Gesichtspunkte der Neutralität des Staates als Ausfluss von Art. 9 Abs. 3 GG[181] und der Gleichbehandlung.

f)   Fazit

Aus den vorstehend genannten Gründen – insbesondere D. II. 2. c) und d) – ist es ratsam, die steuerliche Vergünstigung nicht lediglich an die Mitgliedschaft in einer Gewerkschaft als solche anzuknüpfen. Vielmehr sollte das Ziel der Privilegierung als solche in den Blick genommen werden. Es geht darum, die Tarifbindung zu stärken. Dies kann nur dadurch geschehen, indem die Bindung beider Seiten – Arbeitgeber und Arbeitnehmer – an den Tarifvertrag zum Anknüpfungspunkt für einen privilegierenden Steuertatbestand gemacht wird.

---

[180]   *Thüsing*, NZA-Beilage 2017, 3, 4 f.
[181]   Siehe soeben D. II. 2. d).

III. Privilegierung tarifgebundenen Arbeitsentgelts

1. Rechtliche Ausgestaltung

a) Erweiterung von § 3 EStG

Anknüpfungspunkt für einen entsprechenden Befreiungstatbestand ist das tarifgebundene Arbeitsentgelt als solches. Man könnte § 3 EStG um eine weitere Nummer ergänzen, nach welcher tarifgebundenes Arbeitsentgelt bis zu einem Betrag X pro Jahr steuerfrei ist. Dies setzt voraus, dass Arbeitgeber und Arbeitnehmer gemeinsam an einen entsprechenden Entgelttarifvertrag gebunden sind (§ 4 Abs. 1 S. 1 in Verbindung mit § 3 Abs. 1 TVG).

Rechtstechnisch könnte man bezüglich des Arbeitgebers an die Definition von § 5 Abs. 4 S. 1 EntgTranspG anknüpfen: „Tarifgebundene Arbeitgeber im Sinne des Gesetzes sind Arbeitgeber, die einen Entgelttarifvertrag oder Entgeltrahmentarifvertrag aufgrund von § 3 Absatz 1 des Tarifvertragsgesetzes anwenden." Damit wäre die Tarifbindung des Arbeitgebers aufgrund von Allgemeinverbindlicherklärung und nach § 3 Abs. 3 TVG ausgeschlossen. Dies ist sachgerecht, weil es um die Stärkung der mitgliedschaftlichen Basis der Tarifbindung geht, und nicht um die Tarifbindung aufgrund staatlicher Anordnung, wie es im Rahmen der Allgemeinverbindlicherklärung bzw. der Nachbindung nach § 3 Abs. 3 TVG der Fall wäre. Auf Arbeitnehmerseite ist zu verlangen, dass der Arbeitnehmer derjenigen Gewerkschaft angehört, welche den entsprechenden Entgelttarifvertrag geschlossen hat.[182]

b) Berücksichtigung im Rahmen der Einkommensteuererklärung des Arbeitnehmers

Wie bereits vorstehend herausgearbeitet,[183] müsste die materiell-rechtliche Steuerprivilegierung mit der Einkommensteuererklärung des Arbeitnehmers verknüpft werden. Die Berücksichtigung bereits im Lohnsteuerabzugsverfahren durch den Arbeitgeber scheidet aus, weil dies die Kenntnis des Arbeitgebers von dem Umstand der Gewerkschaftsmitgliedschaft voraussetzt, was – wie

---

[182] Gesetzgebungsvorschlag mit Begründung unten F. III.
[183] Siehe oben D. II. 1.

vorstehend ausgeführt – aus verfassungsrechtlichen und datenschutzrechtlichen Gründen zu vermeiden ist.[184]

Der Arbeitnehmer muss im Rahmen seiner Einkommensteuererklärung darlegen, dass er der tarifschließenden Gewerkschaft angehört – was durch Vorlage der Mitglieds- und Beitragszahlungsbescheinigung relativ einfach bewiesen werden kann – und dass der Arbeitgeber tarifgebunden ist und die Entgelttarifverträge normativ aufgrund von § 4 Abs. 1, § 3 Abs. 1 TVG anwendet. Der Arbeitnehmer verfügt insoweit auch über entsprechende Informationen bzw. kann sie sich beschaffen. Nach § 8 TVG muss der Arbeitgeber im Betrieb anwendbare Tarifverträge bekanntmachen. Dies gilt nur für tarifgebundene Arbeitgeber.[185] Allerdings weiß der Arbeitnehmer auf dieser Grundlage nicht, ob der Arbeitgeber mitgliedschaftlich an diesen Tarifvertrag gebunden ist oder aufgrund staatlicher Geltungserstreckung nach § 5 TVG bzw. den Tatbeständen des AEntG oder nach § 3 Abs. 3 TVG. Außerdem ist damit noch nicht die exakte Höhe des Tarifentgelts nachgewiesen.

Daher bietet es sich an, entsprechende Pflichten des Arbeitgebers ausdrücklich zu normieren. Am sachgerechtesten erscheint dies in Zusammenhang mit § 108 Abs. 1 GewO. Diese Vorschrift regelt Vorgaben über die Abrechnung des Arbeitsentgelts in Textform. Man könnte in diesem Rahmen den Arbeitgeber verpflichten, auf der Lohnabrechnung die Höhe des tarifgebundenen Arbeitsentgelts – also ohne übertarifliche/außertarifliche Zulagen etc. – und den Umstand der Mitgliedschaft des Arbeitgebers in dem tarifschließenden Arbeitgeberverband bzw. bei Firmentarifverträgen den Umstand der Parteistellung des Arbeitgebers mitzuteilen. Der Einfachheit halber würde es genügen, wenn der Arbeitgeber die Parteien des der Abrechnung zugrundeliegenden Entgelttarifvertrags angeben und gegebenenfalls erklären müsste, dass er dem tarifschließenden Arbeitgeberverband angehört. Dieses Dokument würde dann die notwendigen Angaben enthalten. Der Arbeitnehmer könnte es im Rahmen seiner Einkommensteuererklärung dem Finanzamt vorlegen. Das Finanzamt kann dann relativ leicht den Umfang der Steuerermäßigung im Rahmen der Einkommensteuererklärung berechnen. Die herausgearbeitete Voraussetzung, wonach der Arbeitgeber keine Kenntnis über die Zugehörigkeit des Arbeitnehmers zu einer Gewerkschaft erlangen darf,[186] ist hierbei erfüllt.

---

[184] Siehe oben B. II. 2. c) aa); BVerfG 11. 7. 2017 – 1 BvR 1571/15, NZA 2017, 915 Rn. 198.
[185] Vgl. *Henssler*, in *Henssler/Willemsen/Kalb* (Hrsg.), Arbeitsrecht-Kommentar, 8. Aufl. 2018, § 8 TVG Rn. 2, 4; *Löwisch/Rieble*, TVG, 4. Aufl. 2017, § 8 Rn. 14.
[186] Siehe oben B. II. 2. c) aa).

c) Abstimmung mit § 3c Abs. 1 EStG

Ferner müsste man auf eine gewisse Stimmigkeit des Gesamtsystems achten. Stellt man tarifgebundenes Arbeitsentgelt in dem herausgearbeiteten Sinne partiell von der Einkommensteuer frei, können die betroffenen Arbeitnehmer insoweit wegen § 3c Abs. 1 EStG nicht mehr den Werbungskostenabzug bezüglich des Gewerkschaftsbeitrags geltend machen. Nach § 3c Abs. 1 EStG dürfen Ausgaben nicht als Werbungskosten abgezogen werden, wenn sie mit steuerfreien Einnahmen in unmittelbarem wirtschaftlichen Zusammenhang stehen. Das wäre insoweit der Fall, da der Steuerbefreiungstatbestand „Tarifgebundenes Arbeitsentgelt" gerade durch den Umstand der Gewerkschaftsmitgliedschaft auf Arbeitnehmerseite ausgelöst wird, welcher die entsprechenden Aufwendungen in Höhe des Mitgliedsbeitrags verursacht.

Anders ist dies nur zu beurteilen für diejenigen Gewerkschaftsmitglieder, die bei einem nicht tarifgebundenen Arbeitgeber beschäftigt sind. Diese können nicht den Steuerfreiheitstatbestand „Tarifgebundenes Arbeitsentgelt" in Anspruch nehmen und müssen dann selbstverständlich wenigstens den Werbungskostenabzug in Höhe des Gewerkschaftsbeitrags nach § 9 Abs. 1 S. 3 Nr. 3 EStG geltend machen können.

Insgesamt wären mit der vorgeschlagenen Regelung jedenfalls die oben angestellten Überlegungen zur Herausnahme der Gewerkschaftsbeiträge aus dem Arbeitnehmer-Pauschbetrag nicht vollständig kompatibel.[187] Beide Regelungen sollten daher nicht kumulativ, sondern alternativ zur Anwendung gelangen.

2. Zulässigkeit

a) Steuerliche Leistungsfähigkeit und negative Koalitionsfreiheit

Bezüglich der rechtlichen Zulässigkeit einer solchen Steuerprivilegierung gilt das vorstehend unter D. II. 2. a) und b) Gesagte entsprechend: Unter dem rechtlichen Aspekt der steuerlichen Leistungsfähigkeit kann man die skizzierte Steuerbefreiung rechtfertigen, vor allem hinsichtlich des vorgeschlagenen Umfangs.[188] Dasselbe gilt für die negative Koalitionsfreiheit, da insoweit kein unzumutbarer Beitrittsdruck entsteht.

---

[187]   Siehe oben D. I. 1. b)
[188]   Siehe oben D. II. 2. a) bb).

In diesem Zusammenhang ist auf die Rechtsprechung des BVerfG über die Verfassungswidrigkeit der Steuerfreiheit von Lohnzuschlägen für regelmäßige Nachtarbeit hinzuweisen:[189] Das BVerfG hat in einem Beschluss aus dem Jahr 1993 die Steuerfreiheit von Lohnzuschlägen für regelmäßige Nachtarbeit für die Jahre 1975–1977 für verfassungswidrig gehalten.[190] Nach der damaligen Rechtslage waren solche Zuschläge zum Arbeitslohn vollständig steuerfrei, soweit sie auf einem Tarifvertrag beruhten und Arbeitgeber und Arbeitnehmer an diesen gebunden waren oder das Arbeitsverhältnis dem Tarifvertrag unterstellt war. Demgegenüber waren auf anderer Grundlage – etwa Arbeitsvertrag oder Betriebsvereinbarung – beruhende Zuschläge nur bis zu einem gewissen Umfang steuerfrei. Das BVerfG hat darin eine unzulässige Ungleichbehandlung der Arbeitnehmer gesehen, denen Zuschläge aufgrund arbeitsvertraglicher oder betrieblicher Grundlage gezahlt wurden, gegenüber den Arbeitnehmern, bei denen dies auf tariflicher Grundlage geschah.

Diese grundlegende Differenzierung gilt nun auch für die vorliegende Fallkonstellation. Allerdings hat das BVerfG den zugrundeliegenden Differenzierungsgrund durchaus anerkannt: Der Gesetzgeber hat die Deckelung bei Zuschlägen auf arbeitsvertraglicher oder betrieblicher Grundlage mit der erhöhten Missbrauchsgefahr begründet, was das BVerfG akzeptiert hat.[191] Die Kritik setzte daran an, dass der Gesetzgeber die Höhe der Deckelung nicht an die weitere Entwicklung der Höhe der tariflichen Zulagen angepasst hatte.[192] Es kommt hinzu, dass zwischen dem Zweck der Steuerbefreiung – der Erschwernistatbestand der Sonntags-, Feiertags- und Nachtarbeit – und der Differenzierung der Steuerbefreiung – nämlich nach der Rechtsgrundlage der jeweiligen Zuschläge – keinerlei Sachzusammenhang bestand.[193] Dies ist für das vorliegende Regelungsproblem anders, weil es gerade auf die Privilegierung der jeweiligen Rechtsgrundlage ankommt. Die Wertung der Rechtsprechung des BVerfG über die Verfassungswidrigkeit der Steuerfreiheit von Lohnzuschlägen für regelmäßige Nachtarbeit lässt sich demnach nicht auf das hier vorliegende Regelungsproblem übertragen.

---

[189]   BVerfG 15. 1. 1969 – 1 BvR 723/65, BVerfGE 25, 101; BVerfG 8. 6. 1993 – 1 BvL 20/85, DStR 1993, 1290.
[190]   BVerfG 8. 6. 1993 – 1 BvL 20/85, DStR 1993, 1290.
[191]   BVerfG 8. 6. 1993 – 1 BvL 20/85, DStR 1993, 1290, unter II. 1.; ebenso bereits BVerfG 15. 1. 1969 BVerfGE 25, 101, Rn. 24.
[192]   BVerfG 8. 6. 1993 – 1 BvL 20/85, DStR 1993, 1290, unter II. 2.
[193]   Siehe deutlich BVerfG 15. 1. 1969 – 1 BvR 723/65, BVerfGE 25, 101, Rn. 24.

b) Unabhängigkeit der Gewerkschaften und Neutralitätspflicht des Staates als Ausfluss von Art. 9 Abs. 3 GG

Die unter D. II. 2. c) und d) angeführten Bedenken – Unabhängigkeit der Gewerkschaften und Neutralitätspflicht des Staates als Ausfluss von Art. 9 Abs. 3 GG – gegen eine lediglich auf die Gewerkschaftsmitgliedschaft bezogene Anknüpfung bestehen hier nicht. Direkte finanzielle Zuwendungen an Gewerkschaften stellen deren Unabhängigkeit erst dann in Frage, wenn befürchtet werden muss, dass die Androhung der Zahlungseinstellung die Willensbildung der Gewerkschaft beeinflussen kann.[194]

Bei der vorliegenden Gestaltung kommt dies allerdings bereits im Ansatz nicht in Betracht: Es handelt sich nicht um eine direkte Steuerprivilegierung der Gewerkschaft. Vielmehr sind die Effekte der Steuerprivilegierung von Handlungen dritter Personen abhängig, denen die Steuerprivilegierung zuvörderst zugute kommt. Denn die Steuerprivilegierung zugunsten der Arbeitnehmer greift nur Platz, wenn sowohl der Arbeitnehmer als auch sein Arbeitgeber mitgliedschaftlich nach § 3 Abs. 1 TVG an denselben Entgelttarifvertrag gebunden sind. Der Arbeitnehmer kann mit seiner Handlung allein – den Beitritt in die zuständige Gewerkschaft – den Befreiungstatbestand nicht herbeiführen. Es muss hinzukommen, dass der Arbeitgeber ebenfalls die tarifautonome Gestaltung der Arbeitsbedingungen nutzen möchte, sei es, dass er dem tarifschließenden Verband beitritt und dadurch die Tarifgeltung im Arbeitsverhältnis legitimiert, sei es, dass er selbst den Tarifvertrag abschließt. Der Steuerbefreiungstatbestand wird somit erst durch das Verhalten nicht nur der Arbeitnehmer, sondern auch der Arbeitgeberseite ausgelöst. Dieser Aspekt verringert die Gefahr einer mittelbaren Staatsfinanzierung der Gewerkschaften ganz erheblich.[195]

Die Neutralitätspflicht des Staates ist ebenfalls nicht verletzt.[196] Die Gewerkschaftsseite wird durch diese Gestaltung nicht einseitig bevorzugt. Denn die Gewerkschaft selbst kann durch diese Verknüpfung sogar mittelbar Nachteile erleiden, wenn sie gegenüber der Arbeitgeberseite diese stark belastenden Tarifverträge durchsetzen möchte und daher einen Trend zur Tarifflucht auslöst.[197] In diesem Fall können die Gewerkschaftsmitglieder Steuervorteile verlieren, welche die Effekte der Tariflohnerhöhung – zwar zeitverzögert wegen der

---

[194] *Löwisch/Rieble*, TVG, 4. Aufl. 2017, § 2 Rn. 83, 104.
[195] Siehe dazu oben D. II. 2. c).
[196] Siehe zur Neutralitätspflicht oben D. II. 2. d).
[197] Siehe dazu oben B. III. sowie zur historischen Entwicklung in den 1990er Jahren B. I. 2.

nachgelagerten Berücksichtigung im Rahmen der Einkommensteuererklärung – zunichte machen können. Darüber hinaus führt die Steuerprivilegierung tarifgebundenen Arbeitsentgelts mittelbar auch zu Vorteilen auf Arbeitgeberseite, welche selbst Anreize zum Verbandsbeitritt setzen könnten: Tarifgebundene Unternehmen werden für Arbeitskräfte attraktiver, weil diesen im Falle eines Gewerkschaftsbeitritts ein höheres Nettoarbeitsentgelt verbleibt als Arbeitnehmern nicht tarifgebundener Arbeitgeber. Insgesamt kann also auch die Arbeitgeberseite von der Regelung profitieren, weshalb eine Verletzung der Neutralitätspflicht des Staates fernliegend erscheint.

IV. Zwischenergebnis

Die Steuerfreiheit tarifgebundenen Arbeitsentgelts ist bis zu einer bestimmten maßvollen Höhe verfassungsrechtlich gerechtfertigt, um die Tarifautonomie als zentralen Bestandteil des deutschen wirtschafts- und sozialpolitischen Ordnungsmodells zu stärken (D. III.). Die Anknüpfung des Steuerfreiheitstatbestands an die beiderseitige Tarifgebundenheit von Arbeitnehmer und Arbeitgeber ist gegenüber der Privilegierung allein der Gewerkschaftsmitgliedschaft des Arbeitnehmers wegen der geringeren verfassungsrechtlichen Risiken vorzugswürdig (D. II.). Sie ist auch sachgerechter, weil die Tarifbindung in erster Linie von einer entsprechenden positiven Entscheidung der Arbeitgeberseite abhängt.

Weniger weitgehende Vorschläge bestehen darin, die Interessenlage der Gewerkschaft im Zusammenhang mit dem Abschluss von Sanierungstarifverträgen steuerrechtlich zu flankieren (D. I. 2.) oder wenigstens den Werbungskostenabzug von Gewerkschaftsbeiträgen aus dem Arbeitnehmer-Pauschbetrag auszunehmen (D. I. 1.).

E. Beitragsfreiheit tarifgebundenen Arbeitsentgelts

I. Bestandsaufnahme: Bisherige Fälle abgabenfreien Arbeitsentgelts

Beitragsfreies Arbeitsentgelt gibt es selten. Die Versicherungspflicht in der Sozialversicherung knüpft grundsätzlich an die Beschäftigung, insbesondere in einem Arbeitsverhältnis an (§ 2 Abs. 2 Nr. 1 i. V. m. § 7 Abs. 1 S. 1 SGB IV). Soweit eine Versicherungspflicht in der Sozialversicherung besteht, müssen auf das erzielte Arbeitsentgelt die entsprechenden Beiträge bezahlt werden. Ausnahmetatbestände – vergleichbar mit § 3 EStG – existieren grundsätzlich nicht. Vor diesem Hintergrund wäre ein partiell beitragsfreies Arbeitsentgelt äußerst begründungsbedürftig.

1. Entgeltumwandlung

Bei einer Entgeltumwandlung, bei welcher der Arbeitnehmer Teile seines Arbeitsentgelts für eine betriebliche Altersversorgung verwendet, besteht allerdings in der Aufbauphase in gewissem Maße Beitragsfreiheit. Entgeltbestandteile, die für den Aufbau einer Altersversorgung in Form einer Direktzusage oder Unterstützungskasse verwendet werden, sind sozialversicherungspflichtiges Entgelt nach § 14 Abs. 1 S. 2 SGB IV, soweit diese Beiträge 4 % der Beitragsbemessungsgrenze in der gesetzlichen Rentenversicherung übersteigen. Beiträge für Pensionsfonds, Pensionskassen und Direktversicherung sind nach § 1 Abs. 1 Nr. 9 SvEV beitragsfrei, soweit sie gemäß § 3 Nr. 63 EStG steuerfrei sind. Damit besteht für Beiträge des Arbeitnehmers im Rahmen der Entgeltumwandlung eine Beitragsfreiheit bis zur Höhe von 4 % der jeweils geltenden Beitragsbemessungsgrenze.[198] Die Beitragsfreiheit hat der Gesetzgeber mit dem Argument gerechtfertigt, die wirtschaftliche Attraktivität der betrieblichen Altersversorgung zu erhöhen.[199] Zum 1. 1. 2018 wurde der Steuerfreibetrag durch das Be-

---

[198] Vgl. *Vogelsang*, in Schaub, Arbeitsrechts-Handbuch, 17. Aufl. 2017, § 282 Rn. 14.

[199] Vgl. *Vogelsang*, in Schaub, Arbeitsrechts-Handbuch, 17. Aufl. 2017, § 282 Rn. 9.

triebsrentenstärkungsgesetz[200] auf 8 % der jeweils geltenden Beitragsbemessungsgrenze erhöht.[201]

2. Geringfügige Beschäftigung

Ein weiterer Fall von Beitragsfreiheit stellt die geringfügige Beschäftigung nach § 8 Abs. 1 SGB IV dar. Nach § 27 Abs. 2 SGB III, § 7 Abs. 1 SGB V und nach § 20 SGB XI sind geringfügig Beschäftigte, obwohl sie Arbeitnehmer sind, in der Arbeitslosenversicherung, der gesetzlichen Krankenversicherung und der gesetzlichen Pflegeversicherung versicherungsfrei. Gleiches gilt in der gesetzlichen Rentenversicherung nach § 5 Abs. 2 SGB VI für kurzfristig Beschäftigte i.S.v. § 8 Abs. 1 Nr. 2 SGB IV sowie auch für geringfügig entlohnte Beschäftigte (§ 8 Abs. 1 Nr. 1 SGB IV), sofern sie von der Möglichkeit zur Befreiung nach § 6 Abs. 1b SGB VI Gebrauch machen. Damit unterliegt das Arbeitsentgelt von geringfügig Beschäftigten insoweit grundsätzlich nicht dem Beitragseinzug. Allerdings muss der Arbeitgeber Pauschalbeträge zur Krankenversicherung und zur Rentenversicherung nach Maßgabe von § 249b SGB V bzw. § 172 Abs. 3 SGB VI abführen, die weitgehend der Versichertengemeinschaft zu Gute kommen.[202] Im Steuerrecht gibt es insoweit die Möglichkeit einer pauschalierten Besteuerung nach Maßgabe von § 40a EStG.

Die Sonderstellung geringfügig Beschäftigter wird für die Kranken- und Pflegeversicherung mit den Grenzen des Solidarprinzips[203] gerechtfertigt: Geringfügig Beschäftigte können ihre Existenzgrundlage allein aufgrund dieser Tätigkeit nicht bestreiten; daher seien sie in dieser Eigenschaft nicht sozial schutzbedürftig, da sie regelmäßig noch über andere Einkunftsquellen im weitesten Sinne verfügen[204] – etwa Unterhaltsansprüche oder Einkünfte aus anderen Beschäftigungen. Die Versicherungsfreiheit in der Renten- und Arbeitslosenversicherung kann man mit Aspekten der Verwaltungsvereinfachung rechtfertigen, weniger dagegen mit der eingeschränkten Wirkung des Versicherungs-[205] bzw. Solidarprinzips. Denn zumindest im Rahmen der Entgeltgeringfügigkeit, die auf

---

[200] Gesetz zur Stärkung der betrieblichen Altersversorgung und zur Änderung anderer Gesetze (Betriebsrentenstärkungsgesetz) vom 17. 8. 2017, BGBl. I 321.

[201] Siehe dazu näher *Meissner*, DStR 2017, 2633, 2638; *Reinecke*, AuR 2017, 432, 436; *Rolfs*, NZA 2017, 1225, 1226.

[202] Vgl. *Linck*, in Schaub, Arbeitsrechts-Handbuch, 17. Aufl. 2017, § 44 Rn. 14b.

[203] Siehe zum Solidarprinzip noch unten E. II. 2.

[204] Vgl. *Rolfs*, in Erfurter Kommentar zum Arbeitsrecht, 18. Aufl. 2018, § 8 SGB IV Rn. 1.

[205] Siehe zum Versicherungsprinzip noch unten E. II. 2.

einer kontinuierlichen Beschäftigung beruht, könnten Versorgungsansprüche wenn auch geringen Umfangs erworben werden.[206]

3. Parallelität von Steuerrecht und Sozialversicherungsrecht hinsichtlich des Arbeitsentgelts

Ein weiteres Strukturprinzip besteht in der Parallelität von Steuer- und Sozialversicherungsrecht im Hinblick auf die Beurteilung des abgabenpflichten Arbeitsentgelts. Dies kommt in der Vorschrift des § 17 Abs. 1 SGB IV zum Ausdruck. Diese Vorschrift ermächtigt das Bundesministerium für Arbeit und Soziales zum Erlass einer Rechtsverordnung, die regelt, welche Zuwendungen des Arbeitgebers im Einzelnen nicht als beitragspflichtiges Arbeitsentgelt zu betrachten sind. Diese Zuwendungen müssen zusätzlich zu Löhnen und Gehältern erbracht werden; Arbeitsentgelt im engeren Sinn ist davon nicht erfasst. Nach § 17 Abs. 1 S. 2 SGB IV soll dabei eine möglichst weitgehende Übereinstimmung mit dem Steuerrecht sichergestellt werden.

Daraus kann man folgern: Wenn steuerrechtlich Ausnahmen von der Besteuerung des Arbeitsentgelts zulässig sind, kann man dies auch grundsätzlich auf die Abgabenseite in der Sozialversicherung übertragen. Allerdings könnte man eine derartige Übertragung nicht schon im Verordnungswege nach § 17 Abs. 1 SGV IV festlegen.

II. Zulässigkeit der Beitragsfreiheit tarifgebundenen Arbeitsentgelts

1. Übertragung der zum Steuerrecht angestellten Überlegungen

Die zum Steuerrecht herangezogenen Überlegungen können hier übertragen werden. Damit dürften die Problemkreise Gleichbehandlung, negative Koalitionsfreiheit und staatliche Neutralität im Rahmen der Sozialversicherung nicht anders behandelt werden als im Steuerrecht.[207]

---

[206] Vgl. *Rolfs*, in Erfurter Kommentar zum Arbeitsrecht, 18. Aufl. 2018, § 8 SGB IV Rn. 2.
[207] Siehe oben D. III. 2.

2. Versicherungs- und Solidarprinzip

Eine eigenständige Betrachtung verdient allerdings das der gesetzlichen Sozialversicherung zugrundeliegende Versicherungsprinzip und Solidarprinzip. Das Versicherungsprinzip besagt, dass die Gemeinschaft der Versicherten das jeweils versicherte Risiko gemeinsam trägt, und dass die Leistungen der Versicherung in einem angemessenen Verhältnis zu den von den einzelnen Versicherten einbezahlten Beiträgen stehen sollen.[208] Dies wird durch das Solidarprinzip etwas modifiziert.[209] Dieses Prinzip verlangt einen gewissen sozialen Ausgleich zugunsten derjenigen Versicherten, die zur Aufbringung risikoäquivalenter Beiträge nicht in der Lage sind.[210] Allerdings können aus diesen Prinzipien allein keine unmittelbaren Rechtspflichten für den Gesetzgeber hergeleitet werden – etwa unter dem Aspekt des Art. 3 Abs. 1 GG oder dem Gedanken der Systemgerechtigkeit.[211] Sie fungieren demnach eher als Leitbilder für den Gesetzgeber, um hieraus rechtspolitische Argumente für eine bestimmte sozialversicherungsrechtliche Regelung zu gewinnen.

Die Beitragsfreiheit von tarifgebundenem Arbeitsentgelt – wie sie im Verlauf der Untersuchung entwickelt wurde – ist auf den ersten Blick nicht ganz kompatibel mit beiden Prinzipien. Das Versicherungsprinzip mit seiner Forderung nach einem Äquivalenzverhältnis von versichertem Risiko, Beiträgen der Versicherten und an sie ausgekehrte Leistungen ist tangiert, wenn Versicherte geringere Beiträge zahlen müssen als andere Versicherte bei identischen Risiken. Das aber ist der Fall, wenn ein Teil des tarifgebundenen Arbeitsentgelts beitragsfrei gestellt wird. Auf den ersten Blick kann diese Entwertung des Versicherungsprinzips nicht mit dem Solidarprinzip gerechtfertigt werden. Das Solidarprinzip modifiziert den streng an Risiko- und Beitragsäquivalenz ausgerichteten Versicherungsgedanken in der Sozialversicherung durch den Gedanken des sozialen Ausgleichs. In diesem Rahmen geht es um die soziale Schutzbedürftigkeit ein-

---

208   Näher dazu *Rolfs*, Das Versicherungsprinzip im Sozialversicherungsrecht, 2000, S. 180 f.

209   Siehe *Rolfs*, Das Versicherungsprinzip im Sozialversicherungsrecht, 2000, S. 264 ff.

210   Siehe *Waltermann*, Sozialrecht, 12. Aufl. 2016, Rn. 114 ff.; *Rolfs*, Das Versicherungsprinzip im Sozialversicherungsrecht, 2000, S. 208 ff.

211   Siehe dazu etwa BVerfG 7. 11. 1972 – 1 BvR 338/68, BVerfGE 34, 103, 115; BVerfG 10. 11. 1981 – 1 BvL 18/77, BVerfGE 59, 36, 49; BVerfG 1. 7. 1987 – 1 BvL 21/82, BVerfGE 76, 130, 139 f.

zelner Versicherter, zu deren Gunsten Ausnahmen vom Versicherungsprinzip angenommen werden.[212]

Versteht man das Solidarprinzip etwas weiter, könnte man allerdings die der Beitragsfreiheit von tarifgebundenem Arbeitsentgelt zugrundliegenden Wertungen durchaus diesem noch zuordnen. Dahinter steht folgender Gedanke: Das Wirtschafts- und Sozialmodell Deutschlands beruht darauf, dass die Arbeitsbedingungen der abhängig beschäftigten Arbeitnehmer in erster Linie durch Tarifverträge zwischen frei gebildeten Verbänden auf Arbeitgeber- und Arbeitnehmerseite geregelt werden.[213] Diese sichern angemessene Arbeitsbedingungen für den Großteil der in Deutschland abhängig Beschäftigten. Die Sozialversicherung knüpft in erheblichem Maße an diesen Umstand an – und zwar auf der Beitrags- und Leistungsseite: Ohne angemessene Arbeitsbedingungen – insbesondere Arbeitsentgelte – wäre das Beitragsaufkommen in der Sozialversicherung geringer; die tatsächlich bezahlten Leistungen würden mutmaßlich geringer ausfallen, da der Verteilungsspielraum geringer wäre. Das System der Tarifautonomie trägt also zu einem guten Teil dazu bei, dass auch das System der Sozialversicherung in Deutschland funktioniert, zumal die Begünstigten beider Systeme – in erster Linie abhängig beschäftigte Arbeitnehmer – zum großen Teil identisch sind. Es kommt hinzu, dass die jeweiligen Verbände in der Selbstverwaltung der Sozialversicherung mitwirken; die Sozialversicherung profitiert also von der Organisationsstärke von Arbeitgeberverbänden und Gewerkschaften und deren sozialpolitischer Funktion. Diese nehmen insoweit nicht nur die unmittelbaren Interessen ihrer Mitglieder wahr und gelten insoweit als gesellschaftliche Repräsentanten wichtiger gesellschaftlicher Gruppen – der abhängig Beschäftigten und der Unternehmer.[214] Wenn sich der Gesetzgeber zur Stabilisierung des Systems der tarifautonomen Regelung der Arbeitsbedingungen abhängig beschäftigter Arbeitnehmer entschließt, Fördermaßnahmen zu ergreifen, welche die Sozialversicherung berühren, erscheint dies vor diesem Hintergrund noch systemadäquat. Gegen diesen Gedanken spricht freilich mit starkem Gewicht der Umstand, dass es sich bei diesen Fragen letztlich doch um gesamtgesellschaftliche Aufgaben handelt, welche dem Versichertenkollektiv nicht übertragen werden sollten.

---

[212] Siehe zur Äquivalenz von Beitrag und Leistung und damit verbundenen Durchbrechungen ausführlich *Rolfs*, Das Versicherungsprinzip im Sozialversicherungsrecht, 2000, S. 264 ff.

[213] Vgl. dazu BAG 18. 3. 2009 – 4 AZR 64/08, NZA 2009, 1028 Rn. 63 ff.

[214] Siehe dazu schon oben B. II. 3.

Wie bereits oben (D. II. 2. a] bb]) zum Steuerrecht herausgearbeitet, hängt damit die Zulässigkeit der Beitragsfreiheit von tarifgebundenem Arbeitsentgelt auch vom Umfang der Beitragsfreiheit ab: Je höher der Betrag der Beitragsfreiheit insoweit ist, desto höher steigt die Begründungslast bezüglich der Abweichung vom Versicherungs- und Solidarprinzip. Als Maßstab können insoweit auch die für das Steuerrecht herausgearbeiteten Größenordnungen dienen. Denkbar ist auch, auf die Beitragsfreiheit aus den vorstehend entwickelten Gründen vollständig zu verzichten.[215]

III. Rechtstechnische Umsetzung

1. Rückerstattung durch Vorlage des Einkommensteuerbescheids gegenüber der Beitragseinzugsstelle

Wie vorstehend dargelegt, kann der Arbeitnehmer den Umstand tarifgebundenen Arbeitsentgelts relativ unbürokratisch im Rahmen seiner Einkommensteuererklärung nachweisen.[216] Folgt man dem Grundsatz, dass Steuerfreiheit und Abgabenfreiheit des Arbeitsentgelts parallel laufen sollten, müsste dann noch die Rückerstattung der Sozialversicherungsbeiträge an die Arbeitnehmer ermöglicht werden. Anders als im Steuerrecht über die Einkommensteuererklärung steht im Sozialversicherungsrecht kein eingespieltes Verwaltungsverfahren zur Verfügung, welches für die Beitragsrückerstattung an den Arbeitnehmer ohne Einschaltung des Arbeitgebers dienstbar gemacht werden könnte.

Folgender Weg erscheint denkbar: Der Arbeitnehmer legt seinen Einkommensteuerbescheid des Finanzamts der Einzugsstelle für die Sozialversicherungsbeiträge vor. Diese errechnet daraus die entsprechenden beitragsfreien Arbeitnehmeranteile der abgeführten Sozialversicherungsbeiträge und erstattet diese. Denkbar wäre auch, die entsprechenden Arbeitnehmeranteile aufgrund eines Wahlrechts oder von vornherein der Rentenversicherung gutzuschreiben, um die gesetzliche Altersrente des betreffenden Arbeitnehmers zu erhöhen. Dies könnte die Anreizwirkung zum Gewerkschaftsbeitritt, die von der partiellen Beitragsfreiheit tarifgebundenen Arbeitsentgelts ausgehen mag, weiter erhöhen.

Dieser Weg dürfte zwar einigen bürokratischen Aufwand verursachen, was gegen die Praktikabilität partieller Abgabenfreiheit tarifgebundenen Arbeits-

---

215 Siehe dazu noch unten E. III. 2.
216 Siehe oben D. III. 1. b).

entgelts spricht. Allerdings erfährt der Arbeitgeber bei diesem Weg nichts von dem Umstand der Gewerkschaftsmitgliedschaft des einzelnen Arbeitnehmers, wie dies nach den herausgearbeiteten Grundsätzen erforderlich ist.[217]

2. Einbeziehung der Arbeitgeberseite

Bis zu diesem Punkt begünstigt dieser Weg die Arbeitgeberseite noch nicht unmittelbar[218]. Aus verschiedenen Gründen erscheint es empfehlenswert, auch dies ins Auge zu fassen. Ausgangspunkt ist die auf Mitgliedschaft aufbauende Tarifautonomie, welche durch Setzung von Anreizen für die Mitgliedschaft in den Verbänden gestärkt werden soll. Dann aber ist es konsequent, auch die Arbeitgeberseite einzubeziehen. Denn letztlich hängt die Tarifbindung, verstanden als normative Bindung an Tarifverträge mit der Wirkung des § 4 Abs. 1 TVG, von der Entscheidung des Arbeitgebers ab, entweder selbst einen Tarifvertrag abzuschließen oder einem zuständigen Arbeitgeberverband beizutreten.[219] Ohne diese Entscheidung läuft die Mitgliedschaft der Arbeitnehmer in einer Gewerkschaft insoweit leer; die Gewerkschaft kann nur versuchen, aufgrund ihrer starken Stellung im Unternehmen einen Firmentarifvertrag durchzusetzen, was aber organisationspolitische Kapazitäten voraussetzt, die nicht immer vorhanden sind. Wird die Arbeitgeberseite ebenfalls in die Begünstigung einbezogen, entfallen einige rechtliche Argumente gegen eine Begünstigung insgesamt oder wird zumindest deren Gewicht minimiert.[220] Schließlich dürfte es einfacher werden, in der politischen Diskussion mit den vorgelegten Konzepten zu werben, wenn auch die Arbeitgeberseite Vorteile erhält.

Der Weg dahin ist allerdings nicht ganz einfach und wird wohl einen gewissen verwaltungsmäßigen Aufwand erfordern. Leitbild bleibt insoweit, dass der Arbeitgeber nichts über den Organisationsgrad der Gewerkschaft in seinem Bereich erfahren darf.[221] Denkbar erscheint folgender Weg: Die Finanzämter sammeln bis zu einem bestimmten Stichtag die aufgrund der Gewerkschaftsmitgliedschaft ausgeworfenen Steuervergünstigungen zentral bezogen auf das jeweilige Bundesland. Parallel dazu berechnet das Institut für Arbeitsmarkt- und Berufsforschung (IAB) den Organisationsgrad aller Gewerkschaften pro

---

[217] Siehe oben B. II. 2. c) aa).
[218] Zu mittelbaren Vorteilen der vorgeschlagenen steuerrechtlichen Privilegierung für die Arbeitgeberseite siehe oben D. III. 2. b).
[219] Siehe oben B. II. 1.
[220] Siehe oben D. II. 2. d).
[221] Siehe oben B. II. 2. c) aa).

Bundesland aus Zahlenmaterial, das ohnehin vorliegt. Die Summe der Steuerersparnis pro Bundesland dividiert durch die vom IAB geschätzte Anzahl der Gewerkschaftsmitglieder ergibt die Steuerersparnis pro einzelnen Arbeitnehmer. Diese Zahl meldet das Finanzamt an die Einzugsstelle für die Sozialversicherung. Diese Zahl wird mit einem Faktor X und der Zahl der sozialversicherungspflichtig bei dem einzelnen tarifgebundenen Arbeitgeber beschäftigten Arbeitnehmer multipliziert und führt dann zur entsprechenden Erstattung oder Verrechnung mit den abzuführenden Sozialversicherungsbeiträgen. Mit diesem Modell würden die einzelnen Arbeitgeber von einer zunehmenden Anzahl von Gewerkschaftsmitgliedern in der Wirtschaft generell profitieren. Weil die Berechnung über abstrakte Größen – die Anzahl der Gewerkschaftsmitglieder in den Bundesländern – erfolgt, erlangt der einzelne Arbeitgeber hierdurch keine Informationen über die tatsächliche Stärke der für ihn zuständigen Gewerkschaft in seinem Bereich.[222]

IV. Fazit

Die vorstehenden Darlegungen werfen allerdings nicht unerhebliche Zweifel auf, ob die partielle Abgabenfreiheit tarifgebundenen Arbeitsentgelts ein gangbarer Weg darstellt. Es erscheint kaum möglich, eine solche Beitragsfreiheit unbürokratisch zu bewerkstelligen. Außerdem dürften die rechtlichen Zulässigkeitsanforderungen hier höher liegen als im Rahmen des Steuerrechts: Zum einen existieren im geltenden Recht anders als im Steuerrecht kaum Vorbilder in Form von Privilegierungstatbeständen.[223] Zum anderen erscheint das Solidarprinzip etwas strapaziert, um solche Privilegierungen zu rechtfertigen.[224]

Letztlich handelt es sich bei der Thematik „Förderung der Tarifautonomie durch Anreize zum Verbandsbeitritt" um eine gesamtgesellschaftliche Aufgabe, welche dem Versichertenkollektiv nicht übertragen werden sollte. Dies entspricht der Wertung des § 14 Abs. 1 SGB IV in Verbindung mit § 17 Abs. 1 SGB IV. § 14 Abs. 1 SGB IV geht eben von einem sehr weiten Entgeltbegriff aus und § 17 Abs. 1 SGB IV ermächtigt den Verordnungsgeber, nur Zusatzleistungen des Arbeitgebers zum laufenden Arbeitsentgelt aus der Beitragspflicht zur Sozialversicherung herauszunehmen. Insgesamt wird daher im Folgenden die partielle Beitragsfreiheit tarifgebundenen Arbeitsentgelts nicht weiter verfolgt.

---

[222] Siehe zu diesem Erfordernis B. II. 2. c) aa).
[223] Siehe oben E. I. 1.
[224] Siehe oben E. II. 2.

F. Gesetzgebungsvorschläge

I. Herausnahme des Gewerkschaftsbeitrags aus dem Arbeitnehmer-Pauschbetrag nach § 9a S. 1 Nr. 1a EStG

1. Vorschlag

Nach § 9a Satz 2 EStG wird Satz 3 eingefügt:

„Der Pauschbetrag nach Satz 1 Nummer 1 Buchstabe a gilt nicht für Aufwendungen nach § 9 Abs. 1 S. 3 Nr. 3 EStG, soweit es sich um Beiträge zu Gewerkschaften handelt."

2. Begründung

Dieser Vorschlag ist minimalinvasiv. Er gleicht lediglich den vielfach eintretenden Aufsaugungseffekt des Werbekostenabzugs bei Arbeitnehmern wegen des Arbeitnehmer-Pauschbetrags nach § 9a S. 1 EStG aus. Der Vorschlag bevorzugt Gewerkschaften gegenüber anderen Berufsverbänden, denen Arbeitnehmer in ihrer Funktion angehören können. Dies ist wegen der überragenden Stellung der Koalitionsfreiheit nach Art. 9 Abs. 3 GG gerechtfertigt. Außerdem werden insoweit die Beiträge von Gewerkschaftsmitgliedern mit Beiträgen von Unternehmen an Arbeitgeberverbände lediglich gleichgestellt, weil es hierfür im Rahmen der Einkünfte aus selbstständiger Tätigkeit einen vergleichbaren Pauschbetrag nicht gibt.[225] Die Belastung der Finanzverwaltung mit einfachen Massenvorgängen erscheint vertretbar, weil die Finanzverwaltung ohnehin eingereichte Nachweise über Werbungskosten daraufhin überprüfen muss, ob diese den Arbeitnehmer-Pauschbetrag von 1000 € übersteigen. Dieser Vorschlag steht allein und kann isoliert von den anderen Vorschlägen umgesetzt werden. Mit dem unten unter F. III. dargelegten Vorschlag ist er ohnehin wegen § 3c Abs. 1 EStG nicht vollständig kompatibel.[226]

---

[225] Vgl. *von Bornhaupt*, in *Kirchhof/Söhn/Mellinghoff* (Hrsg.), EStG-Kommentar, § 9a Anm. A 1a, Loseblatt, 166. Aktualisierung, Juni 2016.
[226] Siehe oben D. III. 1. c).

II. Erweiterung der Möglichkeit zur Pauschalbesteuerung nach § 40 Abs. 2 EStG

1. Vorschläge

a) Änderung von § 40 Abs. 2 S. 1 Nr. 3 EStG

Wie vorstehend dargelegt,[227] wurden die in § 40 Abs. 2 S. 1 Nr. 3 EStG festgesetzten Höchstgrenzen noch niemals an die Geldentwertung angepasst und im Zuge der Euro-Einführung lediglich in Euro umgerechnet. Daher ist es angemessen, die Höchstgrenzen deutlich zu erhöhen, etwa um den Faktor 10.

b) Schaffung eines neuen Tatbestands in § 40 Abs. 2 S. 1 Nr. 7 EStG

Nach § 40 Abs. 2 S. 1 EStG Nr. 6 wird Nr. 7 eingefügt:

„7. Vergütungen zusätzlich zum ohnehin geschuldeten Arbeitslohn bis zu x € im Kalenderjahr zahlt, wenn die Arbeitnehmer in einer wirtschaftlichen Notlage des Arbeitgebers unter Beteiligung der zuständigen Gewerkschaft einen Sanierungsbeitrag geleistet haben; die Auszahlung der Vergütung kann auch durch Dritte erfolgen."

2. Begründung

Die Einführung eines weiteren Tatbestands in § 40 Abs. 2 S. 1 EStG flankiert steuerrechtlich das Anliegen von Gewerkschaften, welches häufig hinter der Forderung nach tarifvertraglichen Differenzierungsklauseln steht: In einer wirtschaftlichen Schieflage eines Unternehmens ist für das Fortbestehen des Unternehmens und der Arbeitsplätze ein Sanierungsbeitrag der Arbeitnehmer erforderlich. Dieser kann rechtlich und auch faktisch vielfach nur durch Mitwirkung der zuständigen Gewerkschaft, insbesondere durch Abschluss eines Firmentarifvertrags, umgesetzt werden.[228] Um die Verschlechterung der Arbeitsbedin-

---

[227] Siehe oben D. I. 2. b) aa).

[228] Tarifgebundene Arbeitgeber können nur durch Firmentarifvertrag oder unternehmensbezogenen Verbandstarifvertrag mit der Gewerkschaft, welche den Verbandstarifvertrag geschlossen hat, von diesem abweichen, da insoweit die Kollisionsregel des Sachnäheprinzips zum Vorrang des Firmentarifvertrags führt (vgl. nur *Franzen*, in Erfurter Kommentar zum Arbeitsrecht, 18. Aufl. 2018, § 4a TVG Rn. 31 f.). Eine allgemein verwendete Bezugnahmeklausel, welche die Gleichstellung von nicht ta-

gungen ihren Mitgliedern vermitteln zu können, wollen Gewerkschaften vielfach erreichen, dass ihre Mitglieder einen nur ihnen zustehenden Ausgleich für
die Mitwirkung erhalten.[229]

In der Vergangenheit wurde für die Gestaltung dieses Interesses die Pauschalversteuerung nach § 40 Abs. 2 S. 1 Nr. 3 EStG genutzt. Dieser Tatbestand ist
zwar nach der Rechtsprechung des BAG arbeitsrechtlich gangbar, weist aber
steuerrechtliche Probleme auf.[230] Daher wird hier ein Vorschlag entwickelt,
welcher genau auf die bestehende Interessenlage zugeschnitten ist. Die Höhe
des Betrags der Pauschalbesteuerung kann sich an dem orientieren, was für
tarifvertragliche Differenzierungsklauseln anerkannt ist,[231] oder auch daran, was
für die partielle Steuerfreiheit von tarifgebundenem Arbeitsentgelt entwickelt
wurde.[232]

Der Arbeitgeber soll bei solchen Gestaltungen möglichst nicht erfahren, welche
Arbeitnehmer der Gewerkschaft angehören.[233] Deshalb werden häufig dritte
Rechtsträger in die Abwicklung einbezogen.[234] Daher wird im Vorschlag klarge-
stellt, dass die Auszahlung auch durch Dritte erfolgen kann.

---

rifgebundenen mit tarifgebundenen Arbeitnehmern erreichen will, schließt nach der
Rechtsprechung des BAG (23. 3. 2005 – 4 AZR 203/04, AP TVG § 4 Tarifkonkurrenz
Nr. 29; 14. 12. 2005 – 10 AZR 296/05, AP TVG § 1 Bezugnahme auf Tarifvertag
Nr. 37) die Bezugnahme auf einen solchen Firmentarifvertrag ein. Demgegenüber
würde eine Abweichung durch Betriebsvereinbarung insoweit an § 77 Abs. 3 BetrVG und eine Abweichung durch Einzelarbeitsvertrag an § 4 Abs. 3 TVG (vgl. BAG
20. 4. 1999 – 1 ABR 72/98, AP GG Art. 9 Nr. 89) scheitern.
Für nicht tarifgebundene Arbeitgeber gilt Folgendes: Sie können zwar andere Arbeitsbedingungen auch ohne Mitwirkung der tarifzuständigen Gewerkschaft vereinbaren, regelmäßig aber wegen § 77 Abs. 3 BetrVG nicht durch Betriebsvereinbarung, weil es sich vielfach um tarifübliche Regelungen im Sinne dieser Vorschrift
handeln wird. Die grundsätzlich zulässige Abweichung im Arbeitsvertrag ist allerdings prekär, da sie nur konsensual durch Vereinbarung mit allen Arbeitnehmern
erreichbar ist, und löst überdies nicht unerhebliche Transaktionskosten aus.

229 Siehe oben B. II. 2. c) bb).
230 Siehe oben D. I. 2. a) bb) und D. I. 2. b).
231 Siehe oben B. II. 2. b).
232 Siehe oben D. II. 2. a) bb).
233 Siehe oben B. II. 2. c) aa).
234 Siehe oben D. I. 2. a) bb).

III. Aufnahme eines Steuerfreiheitstatbestands in § 3 EStG

1. Vorschlag

Nach § 3 Nr. 71 EStG wird Nr. 72 eingefügt:

„72. tarifgebundenes Arbeitsentgelt bis zur Höhe von x €. Tarifgebundenes Arbeitsentgelt ist Arbeitsentgelt, das ein Arbeitgeber im Sinne von § 5 Absatz 4 Satz 1 des Entgelttransparenzgesetzes einem tarifgebundenen Arbeitnehmer zahlt. Ein tarifgebundener Arbeitnehmer gehört der Gewerkschaft an, die den Tarifvertrag abgeschlossen hat, aufgrund dessen der Arbeitgeber im Sinne von Satz 1 das tarifgebundene Arbeitsentgelt bezahlt. Die Steuerbefreiung wird nur berücksichtigt, wenn der tarifgebundene Arbeitnehmer die Voraussetzungen nach Satz 1 und 2 gegenüber dem Finanzamt im Rahmen der Einkommensteuererklärung nachweist."

Nach § 108 Abs. 1 S. 3 GewO wird Satz 4 eingefügt:

„Die Abrechnung enthält die Angabe, ob der Arbeitgeber tarifgebunden im Sinne von § 5 Absatz 4 Satz 1 des Entgelttransparenzgesetzes ist, und in diesem Fall zusätzlich die Angabe der Parteien des Entgelttarifvertrags und der Höhe des aufgrund des Entgelttarifvertrags zu leistenden Arbeitsentgelts."

2. Begründung

Dieser Vorschlag geht am weitesten. Er setzt echte finanzielle Anreize für Arbeitnehmer, einer Gewerkschaft beizutreten, weil diese je nach Einzelfall und Höhe des Steuerfreibetrags nicht unerheblich steuerlich entlastet werden können. Der Vorschlag knüpft für die Definition des tarifgebundenen Arbeitsentgelts für den Arbeitgeber an die Definition des § 5 Abs. 4 S. 1 EntgTranspG an. Wegen des dortigen Verweises auf § 3 Abs. 1 TVG wird nur die Mitgliedschaft im Arbeitgeberverband oder die Stellung als Partei eines Tarifvertrags in Bezug genommen, nicht aber Tarifbindung aufgrund Gesetzes, etwa Allgemeinverbindlicherklärung oder § 3 Abs. 3 TVG.

Die Definition des tarifgebundenen Arbeitnehmers stellt sicher, dass nur das Mitglied der Gewerkschaft in den Genuss der Regelung gelangt, die Partei des Entgelttarifvertrags ist, welcher der Zahlung des Arbeitgebers zugrundeliegt. Eine anderweitige Tarifbindung durch Zugehörigkeit zu einer anderen Gewerkschaft genügt nicht. Die Steuerprivilegierung tritt nur ein für Zeiträume, in denen sowohl der Arbeitgeber und als auch der Arbeitnehmer in dem skizzierten Sinne gleichzeitig tarifgebunden sind. Satz 3 des Vorschlags stellt die verfahrensrechtliche Verknüpfung mit der Einkommensteuererklärung des Arbeitnehmers her und gewährleistet, dass der Arbeitgeber keine Kenntnis davon erlangt, welcher Arbeitnehmer der Gewerkschaft angehört.

Der Vorschlag zur Änderung von § 108 Abs. 1 GewO verpflichtet den Arbeitgeber, die für die Geltendmachung der Steuerbefreiung im Rahmen der Einkommensteuererklärung des Arbeitnehmers notwendigen Informationen und Belege zur Verfügung zu stellen. Hierfür genügt eine einfache Änderung der nach § 108 Abs. 1 GewO vom Arbeitgeber ohnehin zu erstellenden Abrechnung des Arbeitsentgelts. Der Arbeitgeber muss zusätzlich erklären, ob er tarifgebunden im Sinne von § 5 Abs. 4 S. 1 EntgTranspG ist, und in diesem Fall die Parteien des entsprechenden Entgelttarifvertrags sowie die Höhe des aufgrund des Tarifvertrags zu zahlenden Arbeitsentgelts angeben. Die Angabe der Parteien des entsprechenden Entgelttarifvertrags ist notwendig, damit das Finanzamt im Rahmen der Einkommensteuererklärung des Arbeitnehmers überprüfen kann, ob dieser der tarifschließenden Gewerkschaft angehört. Die Angabe der Höhe des aufgrund des Tarifvertrags zu zahlenden Arbeitsentgelts ist notwendig, um missbräuchliche Gestaltungen auszuschließen; das Finanzamt muss nachprüfen können, ob die Höhe des aufgrund des Tarifvertrags zu zahlenden Arbeitsentgelts den Steuerfreibetrag übersteigt. Insgesamt ist dies nicht mit besonderem bürokratischen Aufwand verbunden; über die entsprechenden Informationen verfügt der Arbeitgeber ohnehin und muss sie sich nicht eigens beschaffen.

Die Höhe des Freibetrags wurde offengelassen. Denkbar erscheint das Drei- bis Vierfache des durchschnittlichen Jahresbeitrags für die Gewerkschaftsmitgliedschaft eines Arbeitnehmers mit durchschnittlichem Einkommen. Bei einem Faktor 3 sind dies 1332 €, bei einem Faktor 4 1776 €.[235]

Die Höhe der hierdurch verursachten Steuerausfälle lässt sich folgendermaßen überschlägig beziffern: Den DGB-Gewerkschaften gehörten im Jahr 2016 ca. 6.047.000 Mitglieder[236] an, dem Deutschen Beamtenbund ca. 1.306.000 Personen und den christlichen Gewerkschaften im Jahr 2014 ca. 271.200 Personen.[237] Hinzu kommen noch ca. 60.000 Mitglieder der Führungskräfteverbände, die unter dem Dach der ULA (United Leader Association – Vereinigung der deutschen

---

[235]   Siehe oben D. II. 2. a) bb).

[236]   Nach einer Mitteilung des DGB-Vorsitzenden *Hoffmann* gehören den DGB-Gewerkschaften am Jahresende 2017 5995437 Personen an, siehe Frankfurter Allgemeine Zeitung vom 20. 1. 2018, S. 20 unter der Überschrift „Gewerkschaften schrumpfen".

[237]   Angaben bei Deutschland in Zahlen, https://www.deutschlandinzahlen.de/tab/deutschland/arbeitsmarkt/tarifpolitik/gewerkschaftsmitglieder.

Führungskräfteverbände) zusammengeschlossen sind,[238] sowie Mitglieder verschiedener Berufsgewerkschaften, die nicht der Tarifunion mit dem Deutschen Beamtenbund angehören, wie etwa der Marburger Bund (ca. 110.300 Mitglieder), die Unabhängige Flugbegleiter Organisation (UFO, ca. 13.500 Mitglieder), die Vereinigung Cockpit (VC, ca. 8300 Mitglieder), die Gewerkschaft der Flugsicherung (GdF, ca. 3500 Mitglieder)[239] und der Deutsche Bankangestellten-Verband (DBV, ca. 21.000 Mitglieder).[240] Insgesamt ist also von etwa 7.840.800 Gewerkschaftsmitgliedern auszugehen. Abgezogen werden müssten hiervon die Mitglieder der Gewerkschaften, die nicht Arbeitnehmer sind, etwa Rentner, Beamte, Studenten und Erwerbslose. Außerdem gelangen nur diejenigen Gewerkschaftsmitglieder unter den Arbeitnehmern in den Genuss der Steuerprivilegierung, die bei einem tarifgebundenen Arbeitgeber beschäftigt sind. Setzt man für diese Personengruppen einen maßvollen Abschlag von 20 % an, kommt man auf die Anzahl von 6.272.640 relevanter Gewerkschaftsmitglieder.

Als einfache Grundlage für eine überschlägige Berechnung des Steuerausfalls kann man die Formel „Anzahl der relevanten Gewerkschaftsmitglieder multipliziert mit dem Steuerfreibetrag multipliziert mit dem durchschnittlichen Steuersatz in Prozent" ansetzen. Dies wären bei einem Steuerfreibetrag in Höhe von 1332 € und einem durchschnittlichen Steuersatz von 14,5 % ca. 1,21 Milliarden €, bei einem Steuerfreibetrag von 1776 € ca. 1,62 Milliarden €.[241] Damit ist ein spürbarer Entlastungseffekt gerade für Arbeitnehmer mit mittlerem Einkom-

---

238   Zahlenangaben unter https://www.ula.de/unser-netzwerk. Von den Mitgliedsverbänden der ULA hat jedenfalls der VAA – Führungskräfte Chemie e. V. – der mitgliederstärkste Verband der ULA mit ca. 30.000 Mitglieder – auch Tarifverträge abgeschlossen, vgl. die Angaben unter https://www.ula.de/unser-netzwerk/ula-verbaende-im-ueberblick/vaa.

239   Zu den Zahlenangaben siehe https://de.statista.com/statistik/daten/studie/237571/umfrage/mitglieder-von-berufsgewerkschaften-in-deutschland/.

240   Zu den Zahlenangaben siehe den Internetauftritt des DBV, https://www.dbv-gewerkschaft.info.

241   Der durchschnittliche Steuersatz von 14,5 % beruht auf folgender Überlegung: Im Jahr 2016 betrug der durchschnittliche Jahresarbeitslohn für ledige Arbeitnehmer ohne Kinder nach Angaben des Bundesfinanzministeriums 33.396 €. Hiervon mussten einschließlich Solidaritätszuschlag 4855 € Lohnsteuer bezahlt werden, was einem durchschnittlichen Steuersatz von 14,5 % entspricht; zu den Zahlenangaben siehe Bundesministerium der Finanzen, Datensammlung zur Steuerpolitik, Ausgabe 2016/2017, S. 20, Tabelle 2.1. Wie die weiteren Zahlenangaben der zitierten Tabelle 2.1. zeigen, liegt der durchschnittliche Steuersatz bei anderen steuerlichen Verhältnissen – etwa verheirateter Arbeitnehmer mit zwei Kindern, Alleinverdiener; Alleinerziehender mit einem Kind – eher unter 14,5 %, aber entspricht in der Tendenz dieser Größenordnung.

men verbunden, der sich in die Bemühungen der gegenwärtigen Bundesregierung fügt, Bürgerinnen und Bürger bei Steuern und Sozialabgaben zu entlasten.[242] Andererseits produziert die Größenordnung dieser Steuerausfälle auch keine unkalkulierbaren Haushaltsrisiken.

---

[242] Siehe dazu den Koalitionsvertrag zwischen CDU, CSU und SPD, Ein neuer Aufbruch für Europa – Eine neue Dynamik für Deutschland – Ein neuer Zusammenhalt für unser Land – vom 7. 2. 2018, S. 53 ff.; dazu *Broer*, DB 2018, 393 ff.

G. Zusammenfassung

Die Tarifbindung der Arbeitsverhältnisse und der gewerkschaftliche Organisationsgrad sind in den letzten Jahren in nicht unerheblichem Umfang zurückgegangen (A. I.). Die Politik reagiert darauf mit einer Stärkung des Tarifvertrags, insbesondere durch Erleichterung der Geltungserstreckung von Tarifverträgen auf nicht tarifgebundene Arbeitgeber und Arbeitnehmer, indem die materiellrechtlichen Voraussetzungen für die Allgemeinverbindlicherklärung von Tarifverträgen abgesenkt und die Instrumentarien des AEntG erweitert werden, sowie durch Einführung eines allgemeinen gesetzlichen Mindestlohns. Die Politik nennt das „Stärkung der Tarifautonomie"; tatsächlich wird hierdurch nur das Produkt der Tarifautonomie, der Tarifvertrag, in seiner Geltung und Wirkungsintensität gestärkt, im Fall des allgemeinen gesetzlichen Mindestlohns nicht einmal dies (A. II.).

Dieser Ansatz der Politik ignoriert eine wesentliche Funktionsbedingung der Tarifautonomie, die Stärkung der Mitgliederbasis der Tarifvertragsparteien auf Arbeitgeber- und Arbeitnehmerseite (A. II. 1.). Die deutsche Rechtsordnung setzt kaum Anreize, einer Arbeitnehmer- oder Arbeitgeberkoalition beizutreten. Für Arbeitgeber mag der Anreiz eines Tarifvertrags und damit der Eintritt in den zuständigen Arbeitgeberverband in der Standardisierung der Arbeitsbedingungen, der Ersparnis von Transaktionskosten und Vermeidung innerbetrieblicher Verteilungskonflikte liegen (B. I.). Als Anreizinstrument für den Beitritt von Arbeitnehmern in eine Gewerkschaft fällt der Tarifvertrag aber vollständig aus, weil die bei einem tarifgebundenen Arbeitgeber beschäftigten Arbeitnehmer die tariflichen Errungenschaften gratis über die durchweg angewandten Bezugnahmeklauseln erhalten. Die bei einem nicht tarifgebundenen Arbeitgeber beschäftigten Arbeitnehmer sind für die Anwendung des einschlägigen Tarifvertrags auf ihre Arbeitsverhältnisse ohnehin auf die entsprechende Entscheidung des Arbeitgebers angewiesen; ihr Beitritt in eine Gewerkschaft ändert insoweit überhaupt nichts (B. II. 1.).

Differenzierungsklauseln in Tarifverträgen können diesem Defizit nur eingeschränkt abhelfen (B. II. 2.). Sie setzen zwar pekuniäre Anreize zum Beitritt in eine Gewerkschaft, weil hierdurch bestimmte Leistungen des Arbeitgebers nur tarifgebundene Arbeitnehmer beanspruchen können. Differenzierungsklauseln sind aber rechtliche und faktische Grenzen gesetzt (B. II. 2): Zwar hat die Rechtsprechung des Bundesarbeitsgerichts die Zulässigkeit von Differenzierungs-klauseln in den letzten Jahren erheblich erweitert, Grenzen bestehen jedoch hinsichtlich des Umfangs (B. II. 2. b]) und der tarifvertraglichen Absicherung solcher Klauseln in Form von sogenannten Tarifausschluss- und Spannenklau-seln (B. II. 2. a]). Außerdem bestehen nicht unerhebliche faktische Grenzen. Die Arbeitgeberseite steht Differenzierungsklauseln skeptisch gegenüber, weil sie dann entsprechenden Forderungen der Außenseiter auf Gleichbehandlung ausgesetzt ist. Außerdem muss der Arbeitgeber für die Durchführung solcher Differenzierungsklauseln erfahren, wer der Gewerkschaft angehört, was verfas-sungsrechtlich und datenschutzrechtlich nicht unproblematisch ist (B. II. 2. c] aa]). In der Praxis wurden daher Differenzierungsklauseln vor allem im Zu-sammenhang mit wirtschaftlichen Notlagen von Unternehmen vereinbart, bei denen die zuständige Gewerkschaft an der Gestaltung des Sanierungsbeitrags der Arbeitnehmer mitgewirkt hat und für diese Mitwirkung eine Kompensation für ihre Mitglieder verlangt (B. II. 2. c] bb]).

Arbeitsrechtliche Lösungen, die Anreize schaffen für eine Mitgliedschaft in einer Gewerkschaft oder in einem Arbeitgeberverband, erscheinen nach der Zulassung von Differenzierungsklauseln und OT-Mitgliedschaften durch die Rechtsprechung weitgehend ausgereizt. In der vorliegenden Untersuchung wird stattdessen vorgeschlagen, das Steuerrecht fruchtbar zu machen, um ent-sprechende pekuniäre Anreize für den Beitritt in eine Gewerkschaft bzw. einen Arbeitgeberverband zu setzen. Im Zentrum steht der Vorschlag, einen Teil des tarifgebundenen Arbeitsentgelts steuerfrei zu stellen und hierfür in § 3 EStG einen weiteren Steuerfreiheitstatbestand zu schaffen (C. und D. III.).

Diese Steuerprivilegierung rechtfertigt sich aus der überragenden Bedeutung der Tarifautonomie für die Gestaltung der Wirtschafts- und Sozialordnung Deutschlands (D. III.). In der Höhe sollte sie sich an dem drei- bis vierfachen des durchschnittlichen Gewerkschaftsbeitrags bei durchschnittlichen Einkommen orientieren und würde daher ca. 1300–1700 € pro Jahr betragen (D. II. 2. a] bb]). Damit können Gewerkschaftsmitglieder, die bei einem tarifgebundenen Arbeit-geber beschäftigt sind, je nach individuellem Steuersatz von nicht unerheblichen Steuervorteilen profitieren. Von dieser Regelung würden ebenso Anreize zu-gunsten einer Tarifbindung der Arbeitgeberseite ausgehen: Vor dem Hinter-grund des sich verstärkenden Fachkräftemangels könnten tarifgebundene Ar-beitgeber damit werben, dass die bei ihnen beschäftigten Arbeitnehmer als Gewerkschaftsmitglied über ein höheres Nettoeinkommen verfügen als Arbeit-nehmer bei anderen Arbeitgebern. Außerdem würde eine partielle Steuerfrei-heit von tarifgebundenem Arbeitsentgelt das System der Tarifautonomie inso-weit stabilisieren, weil beide Seiten – Arbeitgeber und Arbeitnehmer – ein wechselseitiges eigenes Interesse daran entwickelten, dass die jeweils andere Seite das System nicht verlässt. Dies ist derzeit nicht gewährleistet und kann überzogenen Forderungen beider Seiten Vorschub leisten, welche die Kompromissfähigkeit der Akteure überspannen kann (D. III. 2. b]).

Der einzelne Arbeitnehmer kann die Steuerbefreiung auf verhältnismäßig einfachem Wege im Rahmen seiner Einkommensteuererklärung geltend machen (D. III. 1. b]). Der Arbeitnehmer legt dabei eine Bescheinigung über die Mitgliedschaft in einer Gewerkschaft sowie die Arbeitsentgeltabrechnungen für den entsprechenden Zeitraum vor. Der Arbeitgeber wird nach § 108 Abs. 1 GewO verpflichtet, auf der Arbeitsentgeltabrechnung zu erklären, ob er tarifgebunden ist und gegebenenfalls in welcher Höhe es sich um tarifgebundenes Arbeitsentgelt handelt; außerdem müssen die Parteien des entsprechenden Entgelttarifvertrags genannt werden. Durch dieses Verfahren ist sichergestellt, dass der Arbeitgeber nichts über den Umstand der Gewerkschaftsmitgliedschaft einzelner Arbeitnehmer erfährt, was verfassungsrechtlichen und datenschutzrechtlichen Anforderungen geschuldet ist (B. II. 2. c] aa]). Die Höhe der hierdurch verursachten Steuerausfälle kann man überschlägig mit ca. 1,2 bis 1,6 Milliarden € pro Jahr beziffern (F. III. 2.).

Weniger weitgehende Vorschläge bestehen darin, die nicht selten anzutreffende Praxis der Vereinbarung von Differenzierungsklauseln im Zusammenhang mit Sanierungstarifverträgen bei wirtschaftlichen Notlagen eines Unternehmens steuerlich zu flankieren und einen eigenen Tatbestand für die Pauschalversteuerung im Rahmen von § 40 Abs. 2 EStG zu schaffen (D. I. 2. b]). Der bisweilen für diesen Zweck beschrittene Weg über Erholungsbeihilfen nach § 40 Abs. 2 S. 1 Nr. 3 EStG ist zwar nach der Rechtsprechung des BAG arbeitsrechtlich gangbar, steuerrechtlich jedoch prekär (D. I. 2. a] bb]). Dieser Unsicherheit könnte man durch die Schaffung eines eigenen Tatbestands für die Pauschalversteuerung abhelfen. Außerdem sollten die seit 1958 unveränderten Beträge für die Pauschalversteuerung im Rahmen von § 40 Abs. 2 S. 1 Nr. 3 EStG deutlich erhöht werden (D. I. 2. b] aa]).

Am wenigsten weit reicht der Vorschlag, die Mitgliedsbeiträge zu einer Gewerkschaft vollständig im Rahmen des Werbungskostenabzugs zum Ansatz bringen zu können und nicht in den Arbeitnehmer-Pauschbetrag in Höhe von 1000 € nach § 9a EStG einzubeziehen (D. I. 1. b]). Die durchschnittlichen Gewerkschaftsbeiträge bleiben bei durchschnittlichen Einkommen typischerweise unterhalb des Arbeitnehmer-Pauschbetrags von 1000 €. Steuerlich wirken sich Mitgliedsbeiträge für Gewerkschaften nach geltendem Recht nur aus, wenn der Arbeitnehmer höhere Werbungskosten aus anderen Gründen geltend machen kann.

Literaturverzeichnis

Bandau, Frank, Nordische Gewerkschaften unter Druck, WSI-Mitteilungen 2018, 96–104.

Bayreuther, Frank, Tarifautonomie als kollektiv ausgeübte Privatautonomie, München 2005.

Bepler, Klaus, Verhandlungen des 70. Deutschen Juristentags 2014, Band I, Gutachten B, Stärkung der Tarifautonomie: Welche Änderungen des Tarifvertragsrechts empfehlen sich?, 2014, München 2014.

Bepler, Klaus, Verhandlungen des 70. Deutschen Juristentag Hannover 2014, Band II/2, Diskussionsbeitrag, K 163–165, München 2015.

Bepler, Klaus, Probleme um den Sanierungstarifvertrag, AuR 2010, 234–242.

Blümich, Walter/Falk, Ludwig, Einkommensteuergesetz, Bd. 2, 10. Aufl., München 1972.

Broer, Michael, Die Große Koalition und die Steuerpolitik: Beurteilung der Ergebnisse, DB 2018, 393–399.

Bundesministerium der Finanzen (Hrsg.), Datensammlung zur Steuerpolitik, Ausgabe 2016/2017, Berlin 2017.

Däubler, Wolfgang (Hrsg.), Tarifvertragsgesetz, 4. Aufl., Baden-Baden 2016.

Däubler, Wolfgang, Privatautonomie oder demokratische Tarifautonomie?, KJ 2014, 372–383.

Däubler, Wolfgang/Heuschmid, Johannes, Tarifverträge nur für Gewerkschaftsmitglieder?, RdA 2013, 1–9.

Deinert, Olaf, Negative Koalitionsfreiheit – Überlegungen am Beispiel der Differenzierungsklauseln, RdA 2014, 129–135.

Deinert, Olaf, Zur Zulässigkeit von OT-Mitgliedschaften in Arbeitgeberverbänden, AuR 2006, 217–224.

Deinert, Olaf, Verhandlungen des 70. Deutschen Juristentags 2014, Band II/1, München 2015, Referat, K 11–59.

Deregulierungskommission, Unabhängige Expertenkommission zum Abbau marktwidriger Regulierungen, Marktöffnung und Wettbewerb, 2. Bericht, Stuttgart 1991.

Dieke, Saskia/Lesch, Hagen, Gewerkschaftliche Mitgliederstrukturen im europäischen Vergleich, IW-Trends 3/2017, S. 25–41.

Ehmann, Eugen/Selmayr, Martin (Hrsg.), DS-GVO, Datenschutz-Grundverordnung, München 2017.

Epping, Volker/Hillgruber, Christian (Hrsg.), BeckOK-Grundgesetz, 33. Edition, München 2017.

Fornasier, Matteo, Wege zur Stärkung der Tarifbindung – ein rechtsvergleichender Streifzug zur Untersuchung funktionaler Äquivalente der Allgemeinverbindlicherklärung von Tarifverträgen, SR 2017, 239–254.

Franzen, Martin, Gesetzesbindung im Tarifvertragsrecht, in *Lobinger, Thomas/Richardi, Reinhard/Wilhelm, Jan* (Hrsg.), Festschrift für Eduard Picker, Tübingen 2010, S. 929–952.

Franzen, Martin, Vorteilsregelungen für Gewerkschaftsmitglieder, RdA 2006, 1–12.

Franzen, Martin/Gallner, Inken/Oetker, Hartmut (Hrsg.), Kommentar zum europäischen Arbeitsrecht, 2. Aufl., München 2018.

Freiherr von Gamm, Otto-Friedrich/Freifrau von Gamm, Eva, Urheberrechtsschutz für allgemeine Geschäfts- und Vertragsbedingungen, Formularverträge, Tarifverträge und Wettbewerbsregeln, GRUR 1969, 593–596.

Gamillscheg, Franz, Kollektives Arbeitsrecht, Bd. 1, München 1997.

Gamillscheg, Franz, Die Differenzierung nach der Gewerkschaftszugehörigkeit, Berlin 1966.

Gesamtmetall (Hrsg.), 125 Jahre Gesamtmetall: Perspektiven aus Tradition – 1890 bis 1990, Köln 2015.

Giesen, Richard, Verhandlungen des 70. Deutschen Juristentags 2014, Band II/1, München 2015, Referat, K 61–107.

Giesen, Richard, Verhandlungen des 70. Deutschen Juristentag Hannover 2014, München 2015, Band II/2, Diskussionsbeitrag, K 165–166.

Giesen, Richard, Anmerkung zu BAG AP BGB § 242 Gleichbehandlung Nr. 220.

Greiner, Stefan, Rechtsfragen der Koalitions-, Tarif- und Arbeitskampfpluralität, München 2010.

Greiner, Stefan, „Weil nicht sein kann, was nicht sein darf ..." – die Entscheidung des BAG vom 15. 4. 2015 zu tarifvertraglichen Stichtagsklauseln, NZA 2016, 10–15.

Hanau, Peter, Gemeingebrauch am Tarifvertrag? – BAG (GS), AP Art. 9 GG Nr. 13, JuS 1969, 213–220.

Hanau, Peter, Diskussionsbeitrag, Verhandlungen des 70. Deutschen Juristentag Hannover 2014, München 2015, Band II/2, K 161–163.

Hartmann, Felix, Negative Tarifvertragsfreiheit im deutschen und europäischen Arbeitsrecht, Tübingen 2014.

Hensche, Detlef, Verfassungsrechtlich bedenkliche Neujustierung des Verhältnisses zwischen Individualwille und kollektiver Ordnung, NZA 2009, 815–820.

Henssler, Martin, Flexibilisierung der Arbeitsmarktordnung. Überlegungen zur Weiterentwicklung der tariflichen Regelungsmacht, ZfA 1994, 487–515.

Henssler, Martin/Willemsen, Heinz Josef/Kalb, Heinz-Jürgen (Hrsg.), Arbeitsrecht-Kommentar, 8. Aufl., Köln 2018.

Herrmann, Carl/Heuer, Gerhart/Raupach, Arndt (Hrsg.), Einkommensteuergesetz, Körperschaftsteuergesetz, Loseblatt, Köln 2017.

Heuermann, Bernd/Brandis, Peter (Hrsg.), *Blümich,* Einkommensteuergesetz, Körperschaftsteuergesetz, Gewerbesteuergesetz, 140. Aufl., München 2018 (zitiert Blümich/*Bearbeiter*).

Hopfner, Sebastian, Verhandlungen des 70. Deutschen Juristentag Hannover 2014, Band II/2, München 2015, Diskussionsbeitrag, K 163.

Höpfner, Clemens, Die Tarifgeltung im Arbeitsverhältnis, München 2015.

Jöris, Heribert, Tarifautonomie in Bedrängnis, ZfA 2016, 71–80.

Kalb, Heinz-Jürgen, Es lebe der kleine Unterschied – Zur Renaissance der tariflichen Differenzierungsklauseln, jM 2015, 107–113.

Kamanabrou, Sudabeh, Darf's ein bisschen mehr sein? – Zur Wirksamkeit von Tarifausschlussklauseln, in *Hönn, Günther/Oetker, Hartmut/Raab, Thomas* (Hrsg.), Festschrift für Peter Kreutz, Köln 2010, S. 197–209.

Kanzler, Hans-Joachim/Kraft, Gerhard/Bäuml, Swen (Hrsg.), Einkommensteuergesetz, 2. Aufl., Herne 2017.

Kirchhof, Paul (Hrsg.), Einkommensteuergesetz-Kompaktkommentar, 16. Aufl., München 2017.

Kirchhof, Paul/Söhn, Hartmut/Mellinghoff, Rudolf (Hrsg.), Einkommensteuergesetz-Kommentar, Loseblatt, München 2017.

Kirchhoff, Arndt, Standpunkt, Frankfurter Allgemeine Zeitung vom 19. 5. 2016, S. 19.

Kissel, Otto Rudolf, Arbeitskampfrecht, München 2002.

Kocher, Eva/Kädtler, Jürgen/Voskamp, Ulrich, /Krüger, Laura, Noch verfassungsgemäß? Fernwirkungen bei Arbeitskämpfen in der Automobilindustrie und die Verfassungsmäßigkeit des § 160 SGB III, Frankfurt am Main 2017.

Konzen, Horst, Die Tarifautonomie zwischen Akzeptanz und Kritik, NZA 1995, 913–920.

Leydecker, Philipp, Der Tarifvertrag als exklusives Gut, Berlin 2005.

Leydecker, Philipp, Differenzierungsklauseln – ein Schlusspunkt?, AuR 2012, 195–201.

Lobinger, Thomas, Stärkung oder Verstaatlichung der Tarifautonomie?, JZ 2014, 810–821.

Lobinger, Thomas/Hartmann, Felix, Einfache Differenzierungsklauseln als Prüfstein interessengerechter Vertragsauslegung und konsistenter Systembildung – Zugleich eine Besprechung des Urteils BAG v. 18. 3. 2009 – 4 AZR 64/08, RdA 2010, 235–241.

Löwisch, Manfred/Rieble, Volker, Tarifvertragsgesetz, 4. Aufl. München 2017.

Herdegen, Matthias/Herzog, Roman/Scholz, Rupert/u.a. (Hrsg.), Maunz/Dürig, Grundgesetz-Kommentar, München, Loseblatt (zitiert: *Bearbeiter* in Maunz/Dürig).

Meissner, Henriette, Einführung in das Betriebsrentenstärkungsgesetz (BRSG), DStR 2017, 2633–2640.

Monopolkommission, Zehntes Hauptgutachten 1992/93. Mehr Wettbewerb auf allen Märkten, Baden-Baden 1994.

Möhring, Philipp/Nicolini, Käte, Urheberrecht, 3. Aufl., München 2014.

Müller-Glöge, Rudi/Preis/Ulrich/Schmidt, Ingrid (Hrsg.), Erfurter Kommentar zum Arbeitsrecht, 18. Aufl., München 2018 (zitiert: *Bearbeiter* in Erfurter Kommentar).

Neumann, Sebastian, Tarifboni für Gewerkschaftsmitglieder, Berlin 2012.

Picker, Eduard, Die Tarifautonomie in der deutschen Arbeitsverfassung, Köln 2000.

Prusko, Anselm, Die Anrufungsauskunft bei Mitarbeiter- und Managementbeteiligungsprogrammen, DB 2018, 1044.

Rehbinder, Manfred/Peukert, Alexander, Urheberrecht, 17. Aufl., München 2015.

Rehbinder, Manfred, Kann für Allgemeine Geschäftsbedingungen Urheberrechtsschutz in Anspruch genommen werden?, UFITA 80 (1977), 73–80.

Reinecke, Gerhard, Das Betriebsrentenstärkungsgesetz – ein großer Wurf?, AuR 2017, 432–436.

Reuter, Dieter, Möglichkeiten und Grenzen der Auflockerung des Tarifkartells, ZfA 1995, 1–94.

Rieble, Volker, Arbeitsmarkt und Wettbewerb, Berlin Heidelberg 1996.

Rieble, Volker, Staatshilfe für Gewerkschaften, ZfA 2005, 245–271.

Rolfs, Christian, Das Versicherungsprinzip im Sozialversicherungsrecht, München 2000.

Rolfs, Christian, Stärkung der Betriebsrenten, NZA 2017, 1225–1231.

Schaub, Günther, Arbeitsrechts-Handbuch, 17. Aufl., München 2017.

Schricker, Gerhard/Loewenheim, Ulrich (Hrsg.), Urheberrecht, 4. Aufl., München 2010.

Seitenzahl, Rolf/Zachert, Ulrich/Pütz, Heinz-Dieter, Vorteilsregelungen für Gewerkschaftsmitglieder, Köln 1976.

Seiter, Hugo, Staatsneutralität im Arbeitskampf, Tübingen 1987.

Seiwerth, Stephan, Schwäche und Stärke der Tarifautonomie aus rechtsökonomischem Blickwinkel: Vitale Mitgliedschaft und Anreize oder Perspektive Staat vor Privat?, RdA 2014, 358–365.

Seiwerth, Stephan, Stärkung der Tarifautonomie – Anregungen aus Europa?, EuZA 7 (2014), 450–467.

Stoffels, Markus, AGB-Recht, 3. Aufl., München 2015.

Thüsing, Gregor, SOKA-BAU, das BAG und das SOKA-SiG, NZA-Beilage 2017, 3–12.

Tipke, Klaus, Rechtsschutz gegen Privilegien Dritter, FR-Finanzrundschau 2006, 949–958.

Trzaskalik, Christoph, Verhandlungen des 63. Deutschen Juristentags 2000, Band 1, Gutachten E, Inwieweit ist die Verfolgung ökonomischer, ökologischer und anderer öffentlicher Zwecke durch Instrumente des Abgabenrechts zu empfehlen?, München 2000.

Waltermann, Raimund, Stärkung der Tarifautonomie – Welche Wege könnte man gehen?, NZA 2014, 874–879.

Waltermann, Raimund, Entwicklungslinien der Tarifautonomie, RdA 2014, 86–93.

Waltermann, Raimund, Differenzierungsklauseln im Tarifvertrag in der auf Mitgliedschaft aufbauenden Tarifautonomie, Frankfurt am Main 2016.

Waltermann, Raimund, Sozialrecht, 12. Aufl., Heidelberg 2016.

Wandtke, Artur-Axel/Bullinger, Winfried (Hrsg.), Praxiskommentar zum Urheberrecht, 4. Aufl., München 2014.

Wiedemann, Herbert (Hrsg.), Tarifvertragsgesetz, 7. Aufl., München 2007.

Wiedemann, Herbert, Der nicht organisierte Arbeitnehmer im kollektiven Arbeitsrecht, RdA 2007, 65–70.

Wiedemann, Herbert, Die deutschen Gewerkschaften – Mitgliederverband oder Berufsorgan?, RdA 1969, 321–336.

Wiese, Günther/Kreutz, Peter/Oetker, Hartmut/Raab, Thomas/Weber, Christoph/Franzen, Martin/Gutzeit, Martin/Jacobs, Matthias, Gemeinschaftskommentar zum BetrVG, 11. Aufl. 2018 (zitiert: *Bearbeiter* in Gemeinschaftskommentar zum BetrVG).

Zachert, Ulrich, Krise des Flächentarifvertrags? Herausforderungen für das Tarifrecht, RdA 1996, 140–151.

Zöllner, Wolfgang, Tarifvertragliche Differenzierungsklauseln, Düsseldorf 1967.

In der Schriftenreihe des Hugo Sinzheimer Instituts für Arbeitsrecht sind zuletzt erschienen:

Weitere Informationen zur Schriftenreihe: www.hugo-sinzheimer-institut.de